김윤희 지음 · 최윤선 감수

동양북스

김윤희

전) 수암초, 효문중 방과후 학교 특기적성 중국어교사
좋은나라유치원, 아라유치원, 예일어린이집 등 어린이 중국어 전임강사
Brown Education Forum 어린이 중국어 교육팀장

현) 신양초 방과후 학교 특기적성/돌봄 중국어교실 전담 중국어교사
키즈클럽 WILLY CAMPUS 영어유치원 어린이 중국어 전임강사
유아교육 대표카페 〈유아중국어 동영상〉 운영강사
중국 전문 채널 〈하오 TV〉 중국어강사

저서

〈어린이 중국어 Kids Beijing 1~10권〉
〈맛있는 어린이 중국어 1~3권〉
〈이얼싼 Yes 중국어 GRADE 5〉
〈OPIC 중국어의 정석 IM 공략〉
〈중국어 무작정 따라하기〉

최윤선

숙명여자대학교 중문학과 졸업
북경사범대학 중문과 석사 졸업(문학석사)
북경사범대학 중문과 박사 졸업(문학박사)
안양과학대학 관광중국어과 교수
소프트진흥원 유아중국어 콘텐츠개발 자문위원

어린이 중국어 관련 주요 논문 및 저서

〈어린이 중국어 교육방법의 이론배경〉 논문 발표
〈어린이 중국어의 특징과 듣기 교육방법 연구〉 논문 발표
〈어린이 중국어 발음 및 성조 교육법〉 논문 발표
〈다락원 어린이 중국어 1~6권〉 교재 발간

김은주

조선대학교 중국어과 졸업
대만국립고웅사범대학교 졸업(문학석사)
중국 광주 중산대학교 졸업(언어문자학박사)
제주한라대학교 관광중국어과 교수
제주도내 초중등학교 특성화 및 방과 후 중국어교육 컨설팅위원

주요 논문 및 저서

〈몸동작을 활용한 아동 중국어 성조교육〉
〈방과 후 아동 중국어 지도를 위한 성인학습 교수방법〉
〈儿童汉语教学法〉
〈다락원 관광중국어〉

김미숙 교수	룽차이나 대표
김민영 선생	부산외대 평생교육원 어린이 지도사 양성강사
김민희 선생	계성초등학교
김주리 선생	상명초등학교
노 경 선생	경기초등학교
손보라 선생	방과후 전문강사
이금영 선생	경기초등학교
황선주 선생	방과후 전문강사

(※가나다順)

어린이 중국어 

초판 21쇄 2024년 8월 20일 | **지은이** 김윤희 | **감수** 최윤선 | **발행인** 김태웅 | **마케팅 총괄** 김철영 | **온라인 마케팅** 김은진 | **제작** 현대순 | **일러스트** 강난주 | **플래시** 윤정규, 최재홍
성우 이영아, 박경혜, 구정, 최청화 | **편곡** 전정훈 | **책임편집** 김상현, 김수연 | **디자인** 남은혜, 김지혜

발행처 ㈜동양북스 | **등록** 제 2014-000055호 | **주소** 서울특별시 마포구 동교로22길 14 (04030) | **구입문의 전화** (02)337-1737 **팩스** (02)334-6624
내용문의 전화 (02)337-1762 dybooks2@gmail.com

ISBN 978-89-8300-898-5 14720
978-89-8300-903-6(세트)

머리말

어린이 중국어 학습에서 가장 중요한 것은 아이들의 중국어에 대한 동기유발과 흥미유지입니다. 아무리 좋은 교재와 교육을 제공한다 해도 흥미가 없으면 중국어 실력은 제자리 걸음이고 결국에는 중국어 배우기를 포기하게 되는 원인이 되기도 합니다. 그래서 어린이들에게 재미있는 중국어 학습 환경을 만들어주고 싶은 생각에 아이들의 눈높이에 맞춰 한 문장, 한 문장 고민하며 중국어를 눈으로 느끼고, 귀로 담아, 입으로 표현하는 오감만족 중국어 교재「어린이 중국어 붐붐」을 완성하였습니다.

「어린이 중국어 붐붐」의 특징

1. 동화책을 보는듯한 재미있는 스토리

교과서적인 딱딱한 내용에서 벗어나, 동화책 한 권을 읽는 느낌으로 첫 장부터 끝까지 재미있게 배웁니다. 아이들에게 가르치려는 중국어 표현을 생생한 이야기로 설득력 있게 전달하는 스토리텔링 학습 기법을 담았습니다.

2. 무한 반복을 통한 중국어 자동 암기

앞에서 배운 내용을 신나는 챈트를 따라 부르면서 반복하고, 재미있는 놀이학습과 모듬 활동으로 신나게 반복합니다. 연습문제 코너에서는 듣기, 읽기, 쓰기, 판단하기 등의 다양한 문제를 풀면서 다시 한번 반복합니다. 일부러 외우지 않아도 공부한 중국어 표현이 저절로 머릿속에 쏙쏙~ 기억됩니다.

3. 학생, 선생님, 부모님이 함께하는 학사부 일체 중국어

오감만족의 놀이활동을 통해 교사와 학생 또는 부모와 자녀가 함께 참여해 주어진 미션을 수행하면서 중국어 학습을 합니다. 서로 역할을 바꿔 가면서 중국어로 질문과 대답을 함으로써 상호간의 교류 학습을 통해 창의적인 사고력을 키우며 중국어의 실력도 쑥쑥~ 업그레이드 할 수 있습니다.

이 책이 의욕적으로 중국어를 배우고자 하는 모든 어린이들에게 중국어가 쉽고, 재미있는 언어로 느끼고, 세계를 향해 날아가는 중국어의 큰 날개를 달아 줄 수 있기를 바랍니다.

마지막으로, 본 교재가 나오기까지 열정으로 도전할 수 있도록 아낌없는 격려를 해 주신 동양북스 김태웅 사장님, 정연희 원장님, 책의 구성과 내용 편집에 애써 주신 중국어 편집부와 아이들이 좋아하는 예쁜 디자인을 해 주신 동양북스 디자인팀, 어린이 중국어 교육과 집필에 항상 큰 용기와 격려를 주시는 황영남 교수님, 저의 든든한 중국 친구인 赵丽华 선생님과 현장에서 도움을 주신 여러 선생님 진심으로 감사합니다. 그리고 저의 영원한 보물1호인 가족들에게 감사와 사랑의 마음을 전합니다.

김윤희

교재 구성

텍스트북(본책)

본책에서는 붐붐 주인공 친구들과 함께 일상생활에서 쓰는 중국어 표현을 배워요. 다양한 코너 구성으로 자연스럽게 반복하면서 다시 한번 배우고, 동화책을 읽듯이 재미있는 이야기만 들어도 어느새 중국어 표현이 모두 내 것이 된답니다.

오디오 CD 2장

생동감 있는 전문 성우들의 정확한 음성으로 중국어를 들어보세요. 원어민 음성을 무한 반복해서 듣고 큰 소리로 따라 하다 보면 자연스럽게 정확한 중국어 발음을 할 수 있어요.

교육용 플래시 CD 1장 (무료제공)

교육용 플래시 영상으로 학생들은 책에서는 할 수 없었던 다양한 체험 활동을 통해 중국어를 쉽게 배우고, 선생님들은 교육용 영상을 활용해서 다양한 교수법으로 중국어를 가르치기가 쉬워집니다.

중국어뱅크

스토리텔링으로 가르치기 쉽고 배우기 쉬운 교재

어린이 중국어 붐붐 2

워크북

김윤희 지음 · 최윤선 감수

워크북

워크북에서는 본책에서 배운 내용들을 다양한 문제를 풀면서 다시 한번 반복하고 내 실력이 얼마만큼인지 체크해 볼 수 있습니다. 펜을 들고 신나게 문제를 풀어보세요.

오디오 CD 1장

녹음을 잘 들으면서 문제를 풀어보세요.
틀린 문제들은 다시 한번 확인해서 내 것으로 만드세요.

이 책의 특징

와글와글 친구들과 대화해요~

매 과마다 어떠한 재미있는 스토리가 우리를 기다리고 있는지 주인공 친구들과 함께 중국어 이야기 속으로 여행을 떠나볼까요? 야호~!

오프닝~

그림을 보고 상황 스토리를 생각해보고 녹음을 들으며 오늘은 어떤 재미있는 표현을 배울지 미리 생각해봐요~

하하 호호~ 정확하게 발음해요~

중국어 성조를 정확하게 따라 하면서 발음 공부를 해요.
발음 스토리가 있어서 발음 공부가 더 재미있어요.

쿵쿵따~ 신나게 불러요~

챈트를 따라 부르면서 주어진 미션을 성공해보세요.
그럼 신나는 챈트 리듬에 맞춰 큰 소리로 따라 해 볼까요?

쑥쑥~ 실력을 키워요~

배운 단어는 복습해서 다시 한번 기억하고 새로운 단어를 더 배워보는 코너예요. 다음 물음표에 중국어를 대입한 후, 큰 소리로 말해 볼까요?

술술~ 문제를 풀어요~

앞에서 배운 내용을 문제로 풀면서 복습해봐요. 문제가 정말 정말 쉬워요~

야호~ 놀면서 배워요~

다양한 게임과 놀이가 여러분을 기다리고 있어요. 친구들과 함께 놀이를 하면서 배워볼까요?

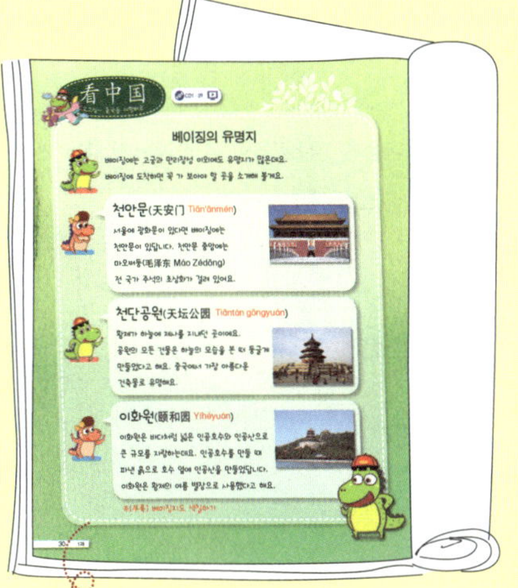

고고씽~ 중국을 여행해요~

이웃나라 중국의 문화와 풍습을 그림과 사진으로 재미있게 배워요.

복습과~

배운 내용을 복습하면서 다시 한번 머릿속에 쏙쏙~ 넣어봐요.

플래시 사용법

버튼 조작 기능 설명

1. 현재 재생이 되는 과를 알려줍니다.
2. 클릭하면 화면이 크기가 커집니다.
3. 클릭하면 창이 닫힙니다.
4. 원하는 학습 코너를 바로 선택합니다.
5. 이전 코너로 이동합니다.
6. 다음 코너로 이동합니다.
7. 처음 선택 화면으로 이동합니다.
8. 영상을 재생합니다.
9. 화면이 일시 정지합니다.
10. 재생중인 동영상이 멈추고 첫 프레임으로 이동합니다.
11. 원하는 부분으로 건너뛰기 합니다.
12. 소리 크기를 크게 또는 작게 조절합니다.

붐붐 플래시 구성 소개

메인 화면 선택

단어장, 캐릭터 소개 그리고 1과에서 8과의 학습 내용이 영상으로 담겨 있습니다. 공부하고 싶은 과를 마우스로 클릭해서 선택합니다.

단어장

단어를 클릭하면서 1과에서 8과까지 본문에 나오는 그림 단어를 반복해서 공부해요.

캐릭터 소개

중국어를 함께 공부할 붐붐 친구들을 소개합니다.

오프닝

본문을 배우기 전에 오프닝 영상을 보며 어떤 내용을 배울지 미리 알아봐요.

본문

한편의 동화책을 보는듯한 재미있는 중국어 스토리가 펼쳐집니다.

챈트

챈트 영상을 보고 따라 부르며 본문에서 배운 내용을 복습해 보세요.

발음

발음을 자세한 설명과 영상으로 배우니 정말 쉬워요.

발음 이야기

재미있는 발음 이야기를 영상과 함께 신나게 배워요.

실력업

마우스를 자유롭게 클릭하면서 중국어 문장을 복습해요.

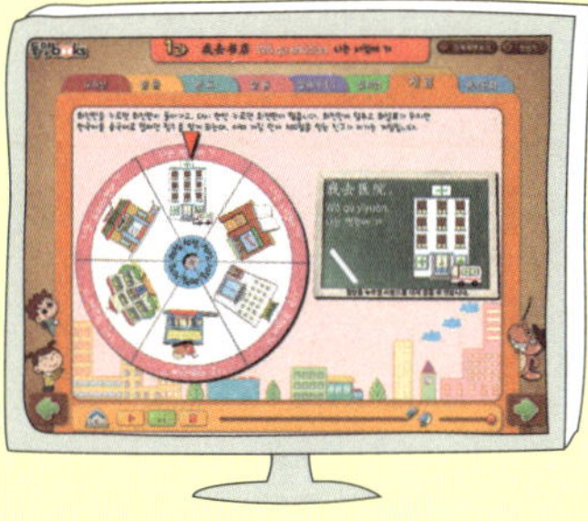

게임

마우스를 자유롭게 클릭하면서 친구들과 신나게 게임을 해요.

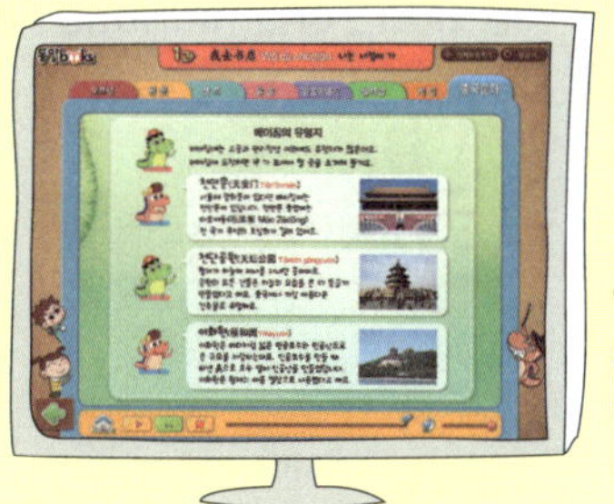

문화

중국어 문화를 재미있는 영상으로 배워요.

차례

1권 학습목표

단원	주제	핵심표현	발음	문화
1과	선생님 안녕하세요! 老师好!	만났을 때의 인사표현 你好! / 您好! 老师好! / 大家好!	ma를 사용한 성조 연습	중국
2과	미안해! 对不起!	고마움과 인사 표현 谢谢。/ 不客气。 对不起。/ 没关系。 핵심 표현 请 + 进，坐，说! 现在 + 进，坐，说!	a, o, e, i, u, ü	중국의 포권 인사
3과	나는 재민이라고 해 我叫在珉	이름 묻고, 자기 이름 소개 표현 你叫什么名字? / 我叫在珉。 我叫成龙，你呢? / 我叫在珉。	b, p, m, f	중국의 성씨와 호칭
4과	너는 어느 나라 사람이니? 你是哪国人?	국적 표현 你是哪国人? / 我是韩国人。 你是韩国人吗? / 不是，我是日本人。	d, t, n, l	중국의 명소
복습과	1과~4과 복습			
5과	그는 누구니? 他是谁?	가족의 호칭 표현 她是谁? / 她是我妈妈。 他是谁? / 他是我爸爸。	g, k, h	소황제
6과	너는 몇 살이니? 你几岁?	나이 묻고, 대답하는 표현 你几岁? / 我八岁。 你妹妹呢? / 我妹妹六岁。	j, q, x	중국인이 좋아하는 숫자
7과	너는 무슨 색을 좋아하니? 你喜欢什么颜色?	색에 관한 표현 你喜欢什么颜色? / 我喜欢蓝色。	z, c, s	중국의 대표 동물
8과	이것은 판다야 这是熊猫	동물에 관한 표현 这是什么动物? / 这是熊猫。 那是什么动物? / 那是兔子。	zh, ch, sh, r	경극 가면과 색깔
복습과	5과~8과 복습			

단원	주제	핵심표현	발음	문화
1과	나는 서점에 가 我去书店	장소 표현 你去哪儿? / 我去书店。 我也去书店。/ 我们一起去吧。	ai, ao, an, ang	베이징의 유명지
2과	컴퓨터는 저쪽에 있어 电脑在那儿	방의 물건 표현 电脑在哪儿? 电脑在那儿。	ou, ong	외래어
3과	너희 가족은 몇 식구니? 你家有几口人?	가족 식구 수 표현 你有哥哥吗? / 我没有哥哥。 你家有几口人? / 我家有三口人。	ei, en, eng	종이공예 지엔즈
4과	너는 무엇을 사니? 你买什么?	물건을 사고 파는 표현 你买什么? / 我买香蕉。 你卖葡萄吗? / 我不卖葡萄。	ia, iao, ie, iu(iou)	새콤달콤 과일꼬치 탕후루
복습과	1과~4과 복습			
5과	오늘은 비가 내려 今天下雨	날씨 표현 今天天气怎么样? / 今天天晴。 今天天气怎么样? / 今天下雨。	ian, in, iang,ing, iong	중국의 황사
6과	지금 몇 시야? 现在几点?	몇 시인지 묻고 답하는 표현 现在几点? / 现在六点。 现在几点? / 我七点半。	ua, uo, uai, ui(uei)	세계 여러나라의 시간
7과	기차가 자동차보다 빨라 火车比汽车快	교통수단과 비교 표현 快的是什么? / 火车比自行车快。 火车比飞机慢。	uan,un(uen), uang, ueng	중국의 자전거
8과	나는 빵을 먹고 싶어 我想吃面包	음식과 음료에 대한 표현 你想吃什么? / 我想吃面包。 你想喝什么? / 我想喝可乐。	üe, ün, üan, er	중국의 4대 요리
복습과	5과~8과 복습			

단원	주제	핵심표현	발음	문화
1과	여보세요! 너는 뭐 하고 있니? 喂！你在做什么呢？	전화, 동작 표현 喂！你在做什么呢？ / 我在学习呢。 你在做什么呢？ / 我在看电视呢。	3성과의 성조결합과 변화	전통놀이 공주
2과	이것은 누구의 연필이니? 这是谁的铅笔？	허가와 문구 표현 / 소유격 我可以用你的吗？ / 可以用我的。 这是谁的本子？ / 这是你的本子。	경성과의 성조결합과 변화	선물 문화
3과	오늘은 5월 5일이야 今天五月五号	날짜, 요일 표현 今天几月几号？ / 今天五月五号。 今天星期几？ / 今天星期三。	1성과의 성조결합	중국의 명절
4과	나는 머리가 아파 我头疼	아픈 증상 표현 你哪儿不舒服？ / 我头疼。 你肚子疼吗？ / 我肚子疼。	2성과의 성조결합	중국의 차문화
복습과	1과~4과 복습			
5과	딸기가 한 근에 얼마에요? 草莓多少钱一斤？	가격 묻고, 답하는 표현 草莓多少钱一斤？ / 八毛钱。 便宜 / 贵	4성과의 성조결합	중국돈 런민비
6과	나는 수영할 줄 알아 我会游泳	운동 표현 你会游泳。/ 我不会游泳。 你会打篮球吗？ / 我会打篮球。	'不'의 성조 변화	소림사와 태극권
7과	공원에 어떻게 가요? 公园怎么走？	길과 방향에 관한 표현 公园怎么走？ / 一直往前走，就是公园。 请问，公园在哪儿？ / 公园在医院右边。	'一'의 성조변화	중국의 발명품 나침반
8과	나는 상점에 옷 가러 가 你去商店买衣服	의복에 관한 표현 你去哪儿？ / 我去商店买衣服 我的裤子、大衣和帽子怎么样？ / 都很好看。	'儿化'와 '격음부호'	중국의 치파오
복습과	5과~8과 복습			

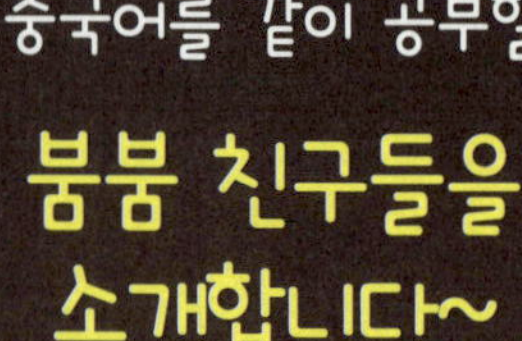

중국어를 같이 공부할

붐붐 친구들을 소개합니다~

안녕! 내 이름은 콩콩이야.

你好！我叫恐恐。

Nǐ hǎo! Wǒ jiào Kǒngkong.

나는 불을 뿜는 게 특기야.

안녕! 나는 롱롱이라고해.

你好！我叫龙龙。

Nǐ hǎo! Wǒ jiào Lónglong.

나는 하늘을 나는 것을 좋아해.

안녕! 나는 뿌뿌라고 해.

你好！我叫步步。

Nǐ hǎo! Wǒ jiào Bùbu.

나는 중국 무술의 달인이지, 아뵤~앙

안녕! 나는 딴딴이야.

你好！我叫丹丹。

Nǐ hǎo! Wǒ jiào Dāndan.

모르는 중국어는 나에게 물어봐~앙

안녕! 나는 재민이야.

你好！我叫在珉。

Nǐ hǎo! Wǒ jiào Zàimín.

나는 축구를 잘해서
별명이 축구왕 슛돌이야.

안녕! 나는 미나라고 해.

你好！我叫美娜。

Nǐ hǎo! Wǒ jiào Měinà.

나는 붐붐 초등학교
1학년 1반 반장이야.

하이! 나는 데이비드라고 해.

你好！我叫大卫。

Nǐ hǎo! Wǒ jiào Dàwèi.

외모짱선발대회에서 당당히 1등한
나는야 우리학교 인기남~*

헬로우! 나는 미미라고 해.

你好！我叫米米。

Nǐ hǎo! Wǒ jiào Mǐmi.

만나서 반가워~* 부끄부끄~*

1권 복습마당

어린이 중국어 붐붐 1권에서
어떤 중국어 표현을 배웠는지 모두 기억하고 있나요?
함께 복습해 봐요.

你好!
Nǐ hǎo!

再见!
Zàijiàn!

谢谢!
Xièxie!

对不起。
Duìbuqǐ.

你叫什么名字?
Nǐ jiào shénme míngzi?

你是哪国人?
Nǐ shì nǎ guó rén?

1권에서 배운 중국어 표현을 사용해서
자유롭게 스토리를 만들고
친구들과 신나게 역할 놀이를 해보세요~

他是谁?
Tā shì shéi?

他是我弟弟。
Tā shì wǒ dìdi.

你几岁?
Nǐ jǐ suì?

你喜欢什么颜色?
Nǐ xǐhuan shénme yánsè?

这是什么动物?
Zhè shì shénme dòngwù?

这是小猫。
Zhè shì xiǎomāo.

붐붐 친구들과
신나게 중국어를 배워볼까요?
그럼 재미있는
중국어 이야기 속으로 출발~☆

第一课

我去书店

Wǒ qù shūdiàn 나는 서점에 가

그림을 보고 이번 과에서
배울 내용을 상상해 볼까요?

MART

어디로 가?

说一说
와글와글~ 친구들과 대화해요
CD1-03
你去哪儿?
Nǐ qù nǎr?
我去超市。
Wǒ qù chāoshì.
SALE

去 qù 가다 | 哪儿 nǎr 어디(장소를 물어보는 의문사) |
超市 chāoshì 슈퍼마켓, 마트 | 文具店 wénjùdiàn 문구점, 문방구

书店 shūdiàn 서점 | 一起 yìqǐ 함께 | 呢 ne ~은?, ~는?
吧 ba ~하자(문장의 끝에서 제의, 명령을 나타냄)

chāoshì : 풍선껌 스티커를 관련 장소에 붙여 보세요.
wénjùdiàn : 연필 스티커를 관련 장소에 붙여 보세요.
shūdiàn : 책 스티커를 관련 장소에 붙여 보세요.

去去，你去哪儿?

去 去，你去哪儿？ 超市 超市，我去超市。
Qù qù, nǐ qù nǎr? Chāoshì chāoshì, wǒ qù chāoshì.
去 去，你去哪儿？ 文具店 文具店，我去文具店。
Qù qù, nǐ qù nǎr? Wénjùdiàn wénjùdiàn, wǒ qù wénjùdiàn.
去 去，你去哪儿？ 书店 书店，我去书店。
Qù qù, nǐ qù nǎr? Shūdiàn shūdiàn, wǒ qù shūdiàn.
去 去，我也去书店。去 去，我也去书店。
Qù qù, wǒ yě qù shūdiàn. Qù qù, wǒ yě qù shūdiàn.

b, p, m, f + ai, ao, an, ang

입을 벌려 아소리를 내고,
바로 이어서 이소리로 마쳐요.
아이라고 발음해요.

āi	ái
ǎi	ài

아소리를 내고, 바로 이어서
오소리로 마쳐요.
아오라고 발음해요.

āo	áo
ǎo	ào

아소리를 내고, 코를 울리면서
우리말 ㄴ소리를 붙여
안이라고 발음해요.

ān	án
ǎn	àn

아소리를 내고, 코를 울리면서
우리말 ㅇ소리를 붙여
앙이라고 발음해요.

āng	áng
ǎng	àng

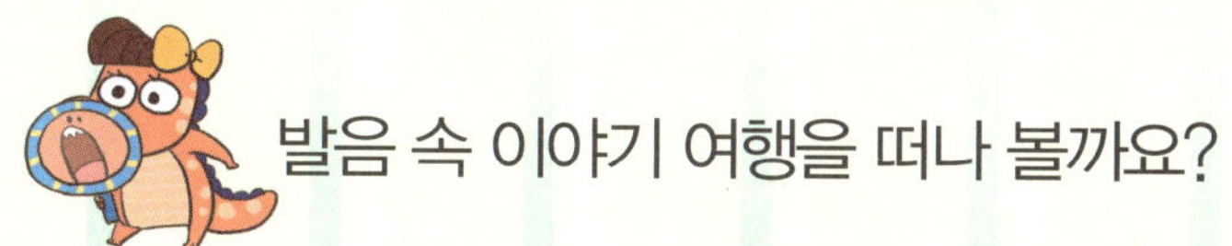

발음 속 이야기 여행을 떠나 볼까요?

머리가 하얀 bái 할머니와 수염이 하얀 bái 할아버지는

뚱뚱한 pàng 고양이 māo와 함께 외롭게 살고 있었어요.

그런데 어느 날 고양이 māo가 식탁 위에 있는 꽃으로

뛰어 pǎo 가보니, 꽃 속에 예쁜 엄지공주가 자고 있었어요.

할머니, 할아버지가 엄지공주에게 밥 fàn을 주고, 목욕을 시켜 주자,

엄지공주는 감사의 뜻으로 노래를 불렀어요. 그렇게 엄지공주는

할머니 할아버지와 함께 행복하게 살았답니다.

bái

fàn

pàng

māo

步步高

쑥쑥~ 실력을 키워요

다음 물음표에 중국어를 대입한 후, 큰 소리로 말해 볼까요?

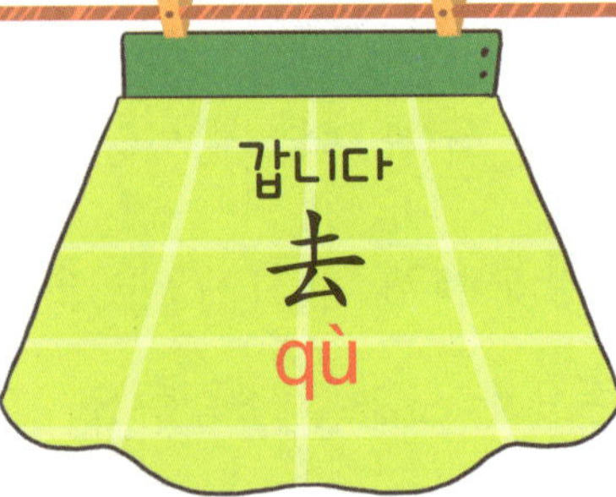

超市
chāoshì

文具店
wénjùdiàn

面包店
miànbāodiàn

学校
xuéxiào

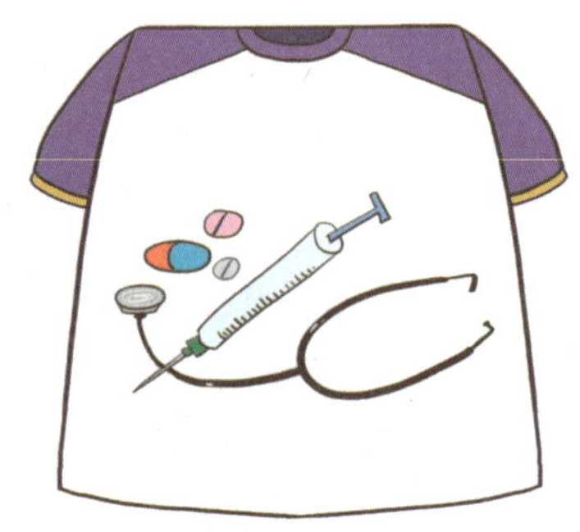

医院
yīyuàn

面包店 miànbāodiàn 빵집 | 学校 xuéxiào 학교 | 医院 yīyuàn 병원

书店
shūdiàn

超市
chāoshì

电影院
diànyǐngyuàn

银行
yínháng

公园
gōngyuán

电影院 diànyǐngyuàn 영화관 | 银行 yínháng 은행 | 公园 gōngyuán 공원

눈을 감고, 원판 위에서 손가락으로 원을 그리다가 멈춰보세요. 그리고 눈을 떠 손가락이 위치한 말판에 적힌 한국어를 중국어로 말하면 점수를 얻게 되는데, 가장 먼저 100점을 얻는 친구가 이기는 게임입니다.

你去哪儿?
Nǐ qù nǎr?

나는 학교에 가

나는 슈퍼마켓에 가

나는 병원에 가

나는 서점에 가

나는 은행에 가

나는 영화관에 가

10 점

20 점

10 점

20 점

10 점

20 점

MART

SALE

BANK

ATM

Book

SALE SALE SALE

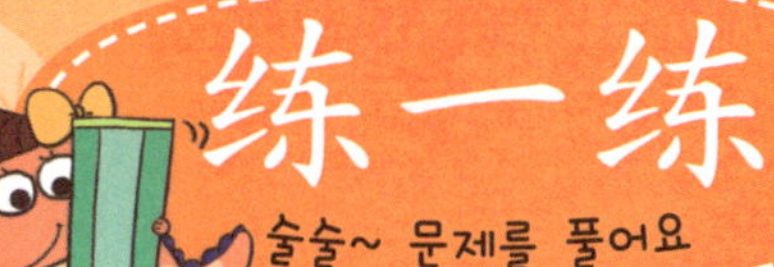

1 녹음을 잘 듣고 빈칸에 알맞은 발음을 보기 에서 찾아 써 보세요.

보기 ái āo àn àng

① b ☐ ② p ☐ ③ m ☐ ④ f ☐

2 다음 그림에 알맞은 병음을 보기 에서 찾아 써 보세요.

보기 y āo x ī ch iào

① 学校	② 超市	③ 医院
xué ☐	☐ shì	☐ yuàn

3 다음 그림을 보고, 대화에 알맞은 스티커를 찾아 붙여 보세요.

베이징의 유명지

베이징에는 고궁과 만리장성 이외에도 유명지가 많은데요.
베이징에 도착하면 꼭 가 보아야 할 곳을 소개해 볼게요.

천안문(天安门 Tiān'ānmén)

서울에 광화문이 있다면 베이징에는 천안문이 있답니다. 천안문 중앙에는 마오쩌둥(毛泽东 Máo Zédōng) 전 국가 주석의 초상화가 걸려 있어요.

천단공원(天坛公园 Tiāntán gōngyuán)

황제가 하늘에 제사를 지내던 곳이에요. 공원의 모든 건물은 하늘의 모습을 본 떠 둥글게 만들었다고 해요. 중국에서 가장 아름다운 건축물로 유명해요.

이화원(颐和园 Yíhéyuán)

이화원은 바다처럼 넓은 인공호수와 인공산으로 큰 규모를 자랑하는데요. 인공호수를 만들 때 파낸 흙으로 호수 옆에 인공산을 만들었답니다. 이화원은 황제의 여름 별장으로 사용했다고 해요.

베이징지도 색칠하기

电脑在那儿

Diànnǎo zài nàr 컴퓨터는 저쪽에 있어

인형이 어디에 있지?

그림을 보고 이번 과에서 배울 내용을 상상해 볼까요?

뿌뿌야, 미미야, 어디에 있니?

说一说
와글와글~ 친구들과 대화해요
CD1-11
你爸爸、
妈妈在哪儿？
Nǐ bàba、māma zài nǎr?
我爸爸、
妈妈在客厅。
Wǒ bàba、māma zài kètīng.
在 zài ~에 있다 | 客厅 kètīng 거실

电脑 diànnǎo 컴퓨터 | 那儿 nàr 저기, 저쪽

宝石 bǎoshí 보석 | 这儿 zhèr 이곳, 여기

nàr : 손가락으로 멀리 있는 사물을 가리키세요. zhèr : 손가락으로 가까이에 있는 사물을 가리키세요.

在哪儿?

哪儿? 哪儿? 电脑在哪儿? 那儿, 那儿, 电脑在那儿。
Nǎr? Nǎr? Diànnǎo zài nǎr? Nàr, nàr, diànnǎo zài nàr.

哪儿? 哪儿? 宝石在哪儿? 这儿, 这儿, 宝石在这儿。
Nǎr? Nǎr? Bǎoshí zài nǎr? Zhèr, zhèr, bǎoshí zài zhèr.

哪儿? 哪儿? 恐恐在哪儿?
Nǎr? Nǎr? Kǒngkong zài nǎr?

房间, 房间, 恐恐在房间。
Fángjiān, fángjiān, Kǒngkong zài fángjiān.

房间 fángjiān 방

d, t, n, l + ou, ong

입을 동그랗게 해서 오소리를 내고, 바로 이어서 우소리로 마쳐요. 어우라고 발음해요.

ōu	óu
ǒu	òu

오소리를 내고, 코를 울리면서 우리말의 ㅇ소리를 붙여 옹이라고 발음해요.

ōng	óng
ǒng	òng

발음 속 이야기 여행을 떠나 볼까요?

CD1 - 15

농촌 nóngcūn에 사는 떠우떠우 Dòudou는 심부름을 다녀오는 길에 할머니를 만났어요. 떠우떠우 Dòudou는 심부름으로 산 빵과 우유를 모두 dōu 드리고, 머리 tóu가 아픈 tòng 할머니를 위해 약도 사다 드렸어요. "얘야, 고맙구나, 내가 너에게 콩 dòu을 선물로 주마" 떠우떠우 Dòudou가 집에 와서 콩 dòu을 심자, 콩 dòu 나무가 하늘 높이 자라 났어요. 콩 dòu 나무를 한 층 lóu, 한 층 lóu 올라가 보니, 황금구슬을 물고 있는 용 lóng이 살고 있었어요. 용 lóng에게 황금구슬을 선물로 받고 내려 오자, 콩 나무는 뾰로롱~ 하고 사라졌답니다.

步步高

쑥쑥~ 실력을 키워요

다음 물음표에 중국어를 대입한 후, 큰 소리로 말해 볼까요?

床 chuáng 침대 | 娃娃 wáwa 인형 |
桌子 zhuōzi 책상 | 椅子 yǐzi 의자

电视 diànshì 텔레비전 | 电话 diànhuà 전화기 | 小狗 xiǎogǒu 강아지

다음 그림에 사물 스티커를 붙여 완성한 후, 중국어로 말해 보세요.

_____在哪儿?
_____________zài nǎr?

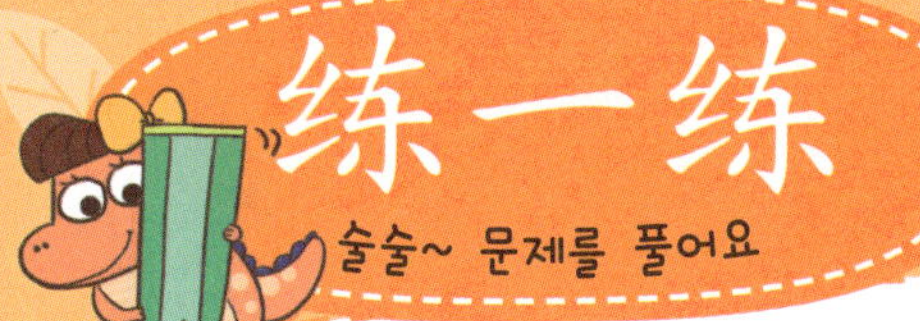

1 녹음을 잘 듣고 빈칸에 알맞은 병음을 보기 에서 찾아 써 보세요.

보기 òu òng óng óu

① l ______ ② t ______ ③ n ______ cūn ④ d ______

2 다음 단어와 알맞은 사물을 찾아 ○표를 한 후, 선을 연결해 보세요.

- 娃娃 wáwa
- 电话 diànhuà
- 床 chuáng
- 椅子 yǐzi

3 다음 그림을 보고, 대화에 알맞은 스티커를 찾아 붙여 보세요.

코카콜라는 중국어로 어떻게 말할까요?

중국은 다른 나라에서 건너 온 상표 이름을 그대로 사용하지 않고 비슷한 한자 발음을 사용해서 발음과 의미를 모두 나타낼 수 있도록 표현 해요!

코카콜라(可口可乐 kěkǒu kělè)

코카콜라의 실제 영어발음과 비슷하게 발음하는 한자로 만든 외래어에요. 可口可乐(kěkǒu kělè)는 마시면 즐거워 진다는 좋은 의미도 가지고 있답니다.

맥도날드(麦当劳 Màidāngláo)

그럼 맥도날드는 중국어로 어떻게 말할까요? 바로 麦当劳(Màidāngláo)라고 말해요. 발음이 참 재미있죠?

이마트(易买得 Yìmǎidé)

롱롱이가 이마트에서 물건을 사고 있군요. 이마트는 중국어로 易买得(Yìmǎidé)라고 발음 해요. 한자의 뜻은 싸고 쉽게 사서 득이 된다라는 의미랍니다.

第三课

你家有几口人?

Nǐ jiā yǒu jǐ kǒu rén? 너희 가족은 몇 식구니?

그림을 보고 이번 과에서 배울 내용을 상상해 볼까요?

캥거루 가족은 몇 식구?

세 식구

네 식구

说一说
와글와글~ 친구들과 대화해요
CD1 - 19
你有哥哥吗?
Nǐ yǒu gēge ma?
我没有哥哥。
Wǒ méiyǒu gēge.

MENU
我没有弟弟。
Wǒ méiyǒu dìdi.
你有弟弟吗？
Nǐ yǒu dìdi ma?
你家有几口人？
Nǐ jiā yǒu jǐ kǒu rén?
我家有三口人。
Wǒ jiā yǒu sān kǒu rén.
有 yǒu 있다 | 没有 méiyǒu 없다 | 家 jiā 집, 가정
几 jǐ 몇 | 口 kǒu 식구(식구 수를 셀 때 써요)

CD1-20
恐恐，给你。
Kǒngkong, gěi nǐ.
妈妈，我没有哥哥、姐姐、弟弟、妹妹。
Māma, wǒ méiyǒu gēge、jiějie、dìdi、mèimei.
小狗真可爱。
Xiǎogǒu zhēn kě'ài.
给 gěi 주다 | 小狗 xiǎogǒu 강아지 |
真 zhēn 정말 | 可爱 kě'ài 귀엽다

CD1-21

yǒu가 들리면 손 머리 위로 ○를 만들고, méi가 들리면 손 머리 위로 ×를 만들어 주세요.

有有，有几口人？

有 有，有哥哥吗？没 没，没有哥哥。
Yǒu yǒu, yǒu gēge ma? Méi méi, méiyǒu gēge.
有 有，有弟弟吗？没 没，没有弟弟。
Yǒu yǒu, yǒu dìdi ma? Méi méi, méiyǒu dìdi.
有 有，有几口人？有 有，有四口人。
Yǒu, yǒu, yǒu jǐ kǒu rén? Yǒu, yǒu, yǒu sì kǒu rén.
爸爸、妈妈、小狗和我 爸爸、妈妈、小狗和我。
Bàba、māma、xiǎogǒu hé wǒ. Bàba、māma、xiǎogǒu hé wǒ.

g, k, h + ei, en, eng

에소리를 내고, 바로 이어서 이소리로 마쳐요. 에이라고 발음해요.

ēi	éi
ěi	èi

gěi 给 주다

에소리를 내고, 코를 울리면서 우리말 ㄴ소리를 붙여 언이라고 발음해요.

ēn	én
ěn	èn

gēn 跟 ~와

에소리를 내고, 코를 울리면서 우리말 ㅇ소리를 붙여 엉이라고 발음해요.

ēng	éng
ěng	èng

hēng 哼 꿀꿀꿀 (울음소리)

발음 속 이야기 여행을 떠나 볼까요?

CD1-23

hēng

아기돼지는 두 형과 함께 gēn 돌담 집에 들어가 맛있는 음식을 먹기로 했어요. 형제는 돌담 집의 검은색 hēi 연기가 나는 굴뚝으로 들어갔어요. 착한 형들은 아기돼지에게 먹을 것을 나눠주며 gěi 함께 gēn 먹고, 욕심쟁이 아기돼지는 혼자서만 먹었어요. 그 때 집주인 늑대가 돌아왔어요. 형들은 검은색 hēi 연기를 뚫고 굴뚝으로 무사히 빠져 나왔는데, 아기돼지는 많이 먹어 뚱뚱해진 뱃살 때문에 빠져 나올 수가 없어 꿀꿀꿀 hēng하고 울었답니다.

gēn

gěi

다음 물음표에 중국어를 대입한 후, 큰 소리로 말해 볼까요?

三
sān

四
sì

五
wǔ

六
liù

十
shí

哥哥
gēge

姐姐
jiějie

妹妹
mèimei

小狗
xiǎogǒu

小猫
xiǎomāo

小猫 xiǎomāo 고양이

친구들의 가족에 대해 조사해 볼까요? 가장 많이 알아 온 친구가 인터뷰 활동에서 이기는 게임입니다.

你家有几口人?
Nǐ jiā yǒu jǐ kǒu rén?

你有(哥哥/姐姐/弟弟/妹妹)吗?
Nǐ yǒu (gēge/jiějie/dìdi/mèimei) ma?

친구이름	가족 수	哥哥 gēge		姐姐 jiějie		弟弟 dìdi		妹妹 mèimei		小狗 xiǎogǒu		小猫 xiǎomāo	
콩콩	三	有	没有	有	没有	有	没有	有	没有	有	没有	有	没有
		有	没有	有	没有	有	没有	有	没有	有	没有	有	没有
		有	没有	有	没有	有	没有	有	没有	有	没有	有	没有
		有	没有	有	没有	有	没有	有	没有	有	没有	有	没有

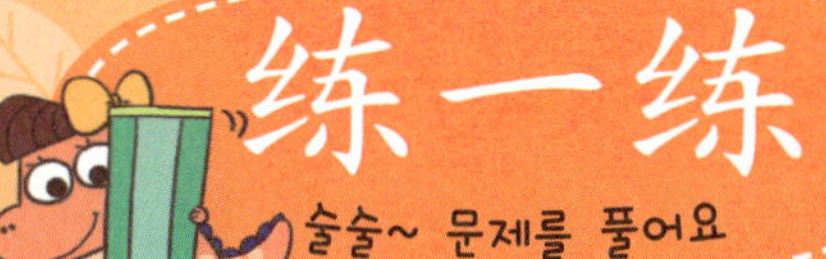

1 녹음을 잘 듣고 빈칸에 알맞은 병음을 보기 에서 찾아 써 보세요.

보기 ēi ēn ēng ěi

① g ______ ② h ______ ③ h ______ ④ g ______

2 다음 그림에 알맞은 한자를 보기 에서 찾아 써 보세요.

보기 四 五 三

① ______ 口人 ② ______ 口人 ③ ______ 口人

3 다음 그림을 보고, 대화에 알맞은 스티커를 찾아 붙여 보세요.

중국의 종이공예 지엔즈

중국에는 여러 색의 종이를 오려서 여러 가지 아름다운 모양을 만드는 종이공예가 있어요. 바로 지엔즈(剪纸 jiǎnzhǐ)라고 해요.

지엔즈(剪纸 jiǎnzhǐ)는 중국에서 명절을 보낼 때나 좋은 일이 있을 때 서로의 복을 빌어주는 좋은 선물이 된답니다.
벽, 창문, 거울 등에 붙여서 예쁜 장식으로도 많이 사용해요.
그럼, 아래 그림을 보면서 친구들과 함께 지엔즈(剪纸 jiǎnzhǐ)를 만들어 볼까요?

사과를 만들어봐요.

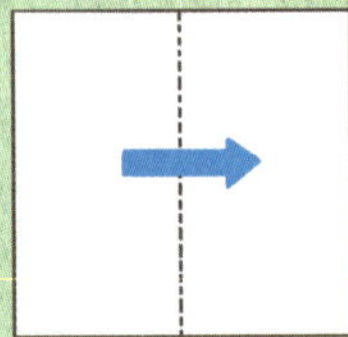
1. 반을 접는다.

2. 위와 같이 도안을 그린다.

3. 여백을 가위로 잘라낸다.

완성

쌍희자를 만들어봐요.

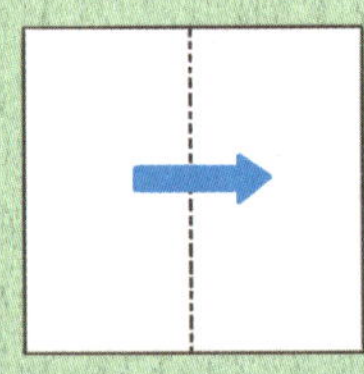
1. 반을 접는다.

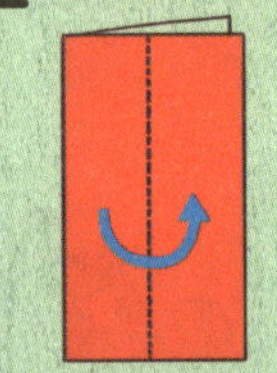
2. 다시 반을 접는다.

3. 위와 같이 도안을 그린다.

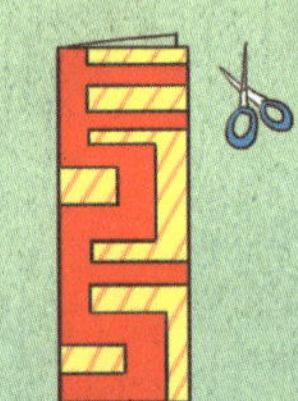
4. 여백을 가위로 잘라낸다.

완성

第四课

你买什么？

Nǐ mǎi shénme? 너는 무엇을 사니?

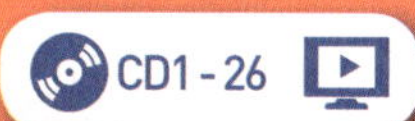

그림을 보고 이번 과에서 배울 내용을 상상해 볼까요?

사과랑 파인애플을 사요

맛있는 딸기주스~

说一说
와글와글~ 친구들과 대화해요
CD1-27
你买什么？
Nǐ mǎi shénme?
我买香蕉。
Wǒ mǎi xiāngjiāo.
买 mǎi 사다 | 什么 shénme 무엇 | 香蕉 xiāngjiāo 바나나

我不卖葡萄。
Wǒ bú mài pútao.
你卖葡萄吗?
Nǐ mài pútao ma?
卖 mài 팔다 | 不卖 bú mài 안 팔다 | 葡萄 pútao 포도

CD1 - 28
我不卖苹果。
Wǒ bú mài píngguǒ.
请你买葡萄。
Qǐng nǐ mǎi pútao.
你卖苹果吗?
Nǐ mài píngguǒ ma?
苹果 píngguǒ 사과 | 请 qǐng ~해 주세요

CD1 - 29

챈트를 잘 듣고 들리는 과일 그림에 모두 ○표를 하세요.

买什么?

买什么? 你买什么? 买香蕉，我买香蕉。
Mǎi shénme? Nǐ mǎi shénme? Mǎi xiāngjiāo, wǒ mǎi xiāngjiāo.

买什么? 你买什么? 买苹果，我买苹果。
Mǎi shénme? Nǐ mǎi shénme? Mǎi píngguǒ, wǒ mǎi píngguǒ.

买什么? 你买什么? 买葡萄，我买葡萄。
Mǎi shénme? Nǐ mǎi shénme? Mǎi pútao, wǒ mǎi pútao.

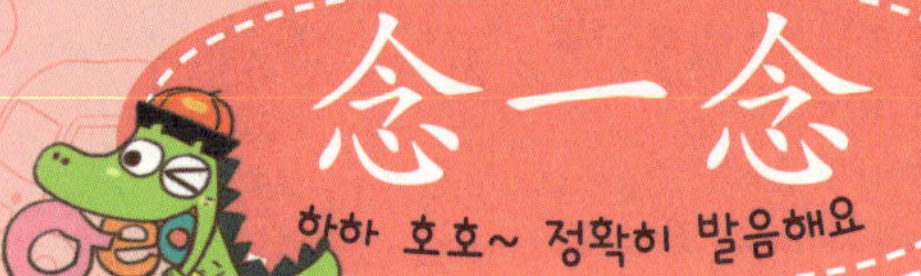

j, q, x + ia, iao, ie, iou(iu)

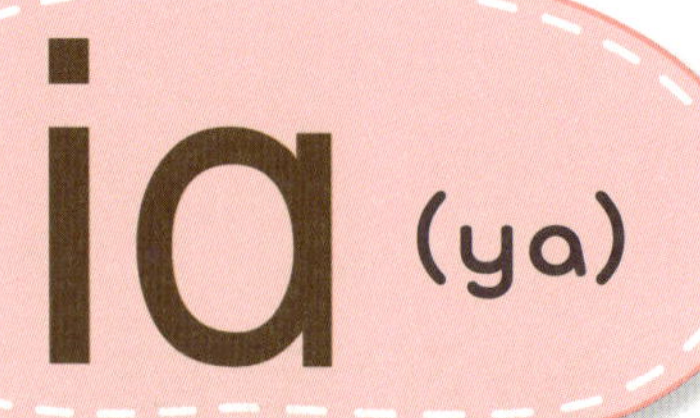

iā	iá
iǎ	ià

i(이)를 짧게 a(아)를 길게 소리 내어 우리말의 이야처럼 발음하고, 성모와 결합하지 않을 때는 ya로 표기해요.

iāo	iáo
iǎo	iào

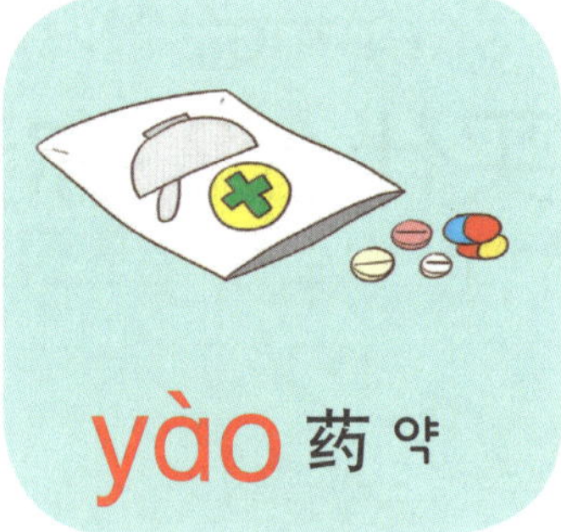

i(이)를 짧게 소리 내어 우리말의 이야오처럼 발음해요 성모와 결합하지 않을 때는 yao로 표기해요.

iē	ié
iě	iè

i(이)를 짧게 소리 내어 우리말의 이에처럼 발음해요. 성모와 결합하지 않을 때는 ye로 표기해요.

iōu	ióu
iǒu	iòu

i(이)를 짧게 소리 내어 우리말의 이어우처럼 발음해요. 성모와 결합하지 않을 때는 you로 표기하고, 성모와 결합하면 성모+iu로 표기해요.

발음 속 이야기 여행을 떠나 볼까요?
CD1-31
숲속의 작은 오두막집 jiā에 살고 있는 할아버지 yéye는 몸이 아프신 할머니의 약 yào을 사기 위해 열심히 신발 xié을 만들었지만, 잘 팔리지가 않았어요. 가을 qiūtiān이 지나 눈이 내리는 xià 어느 겨울날, 할아버지가 잠깐 잠을 자며 쉬는 xiūxi 동안, 요정들이 나타나 뚝딱뚝딱 예쁜 구두를 만들었어요. 잠에서 깬 할아버지는 요정들을 발견하고 고맙다고 xièxie 인사를 했어요. 할아버지는 요정들이 만든 예쁜 구두를 팔아 할머니의 약 yào도 사고, 건강하게 오래오래 살았답니다.
jiā
xié
yào
xiūxi
너는 무엇을 사니? 61

다음 물음표에 중국어를 대입한 후, 큰 소리로 말해 볼까요?

西瓜 xīguā 수박 | 草莓 cǎoméi 딸기 | 橘子 júzi 귤

苹果
píngguǒ

橘子
júzi

香蕉
xiāngjiāo

西瓜
xīguā

菠萝
bōluó

菠萝 bōluó 파인애플

맛있는 과일 주스를 만들어 볼까요? 한자를 보고 알맞은 과일 스티커를 찾아 붙여 보세요.

苹果 píngguǒ

菠萝 bōluó

葡萄 pútao

橘子 júzi

草莓 cǎoméi

1 녹음을 잘 듣고 빈칸에 알맞은 병음을 보기 에서 찾아 써 보세요.

보기 iā iào ié iū

① x ☐ ② y ☐ ③ j ☐ ④ x ☐ xi

2 다음 빈칸에 알맞은 병음을 보기 에서 찾아 쓴 후, 그림과 연결해 보세요.

보기 x íng p ī iāo j

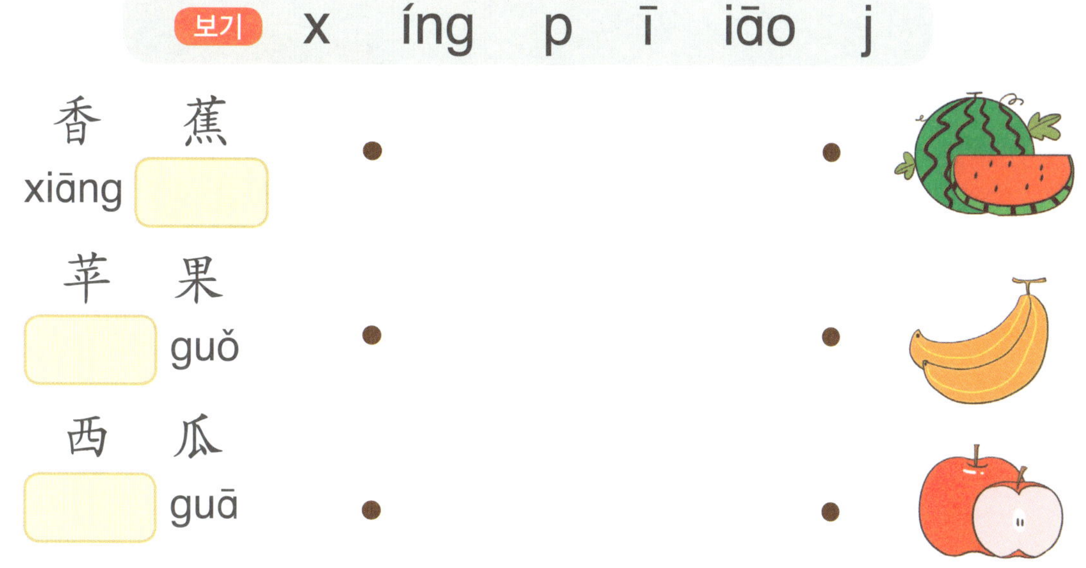

3 다음 그림을 보고, 대화에 알맞은 스티커를 찾아 붙여 보세요.

새콤달콤 과일꼬치 탕후루

탕후루(糖葫芦 tánghúlu)는 산사나무 열매를 나무 꼬치에 꿰어 물엿으로 굳힌 베이징을 대표하는 먹거리입니다. 달콤한 설탕맛과 새콤한 과일맛이 어우러져 아이들이 좋아하는 간식이죠. 요즘에는 산사열매 말고도 귤, 딸기, 파인애플, 키위 등 다양한 과일 꼬치도 맛볼 수 있어요. 과일꼬치 탕후루(糖葫芦 tánghúlu)를 집에서 부모님과 함께 만들어 볼까요?

1. 먼저 과일, 설탕, 나무꼬치 또는 젓가락을 준비합니다.
2. 과일을 깨끗이 씻고, 나무꼬치에 정성스럽게 끼웁니다.
3. 설탕과 물을 냄비에 넣고 중간불로 약간 걸쭉해질 때까지 물을 넣고 끓입니다.
4. 과일을 끼운 나무꼬치를 살짝 식혀둔 설탕물에 담가 골고루 설탕물을 적셔줍니다.
5. 서늘한 곳에서 과일꼬치의 설탕물이 굳을 때까지 기다립니다. 그럼 완성! (참고로 냉장고에 넣으면 금방 굳어요^^)

1 선생님께서 표 안의 단어를 골라 읽어주면, 학생들은 그 단어를 찾아 캐릭터 스티커를 붙여 가린 후, 표 안의 빈칸에 방금 스티커로 가린 한자와 병음을 써 보세요.

①	学校 xuéxiào	超市 chāoshì	文具店 wénjùdiàn
宝石 bǎoshí	电脑 diànnǎo	②	电话 diànhuà
小狗 xiǎogǒu	③	哥哥 gēge	弟弟 dìdi
苹果 píngguǒ	香蕉 xiāngjiāo	西瓜 xīguā	④

2 스티커를 붙여 다음 문장을 완성해 보세요.

콩콩이, 롱롱이, 팬더, 요정을 순서대로 만나면서 중국어 문장을 완성해야 보물상자 스티커를 획득할 수 있어요. 스티커를 모두 붙여 문장을 완성하면 성공!

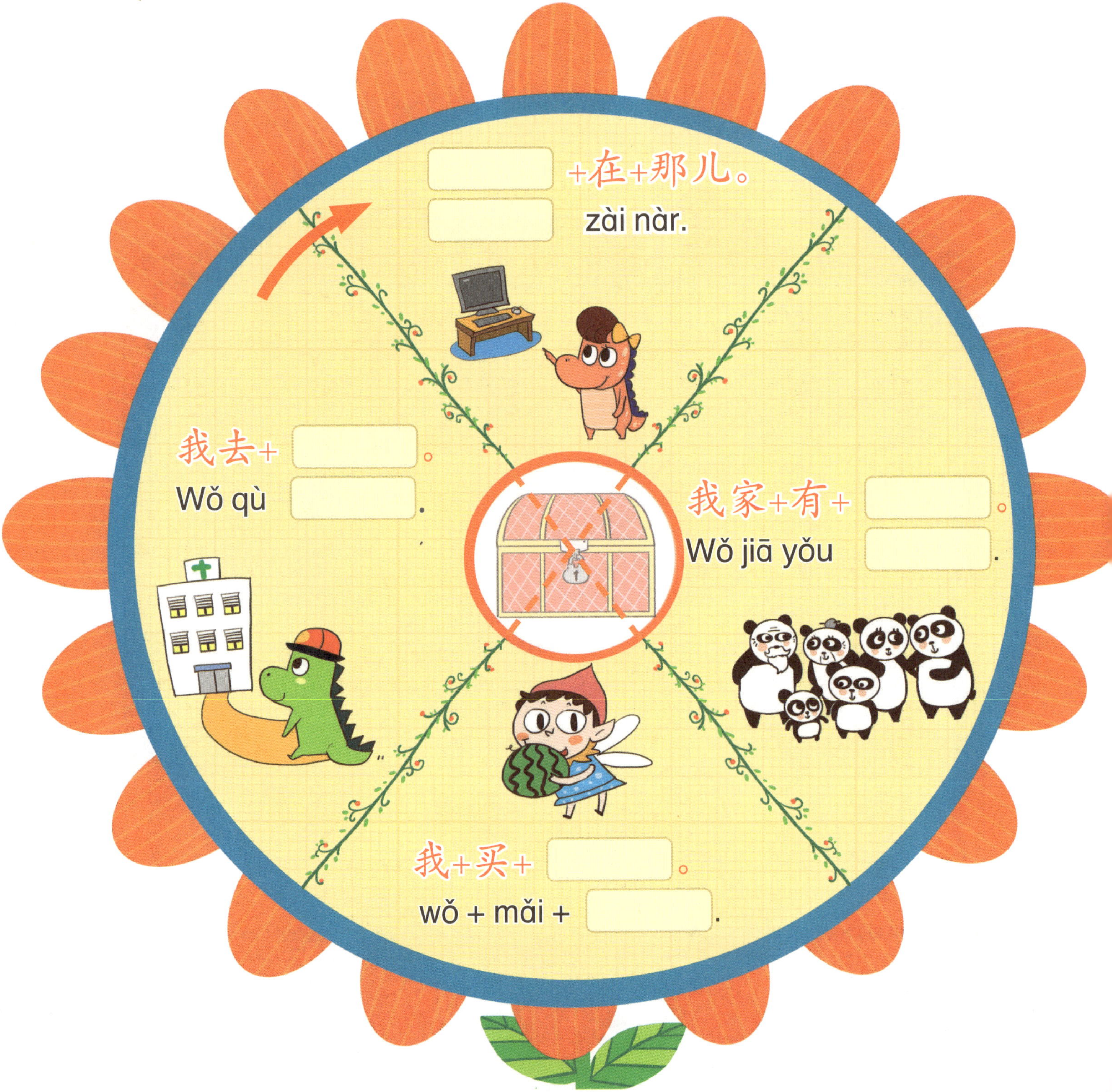

+在+那儿。
zài nàr.

我去+ 。
Wǒ qù .

我家+有+ 。
Wǒ jiā yǒu .

我+买+ 。
wǒ + mǎi + .

3 이야기를 읽고, 이야기 속에 숨어있는 발음을 말해 보세요. 

흰 bái 쥐는 할아버지와 함께 gēn 살아요.

눈이 내리는 xià 겨울날, 흰 bái 쥐는 아프신 tòng 할아버지 yéye께 드릴 gěi 약 yào을 구하기 위해 멀리 농촌 nóngcūn에서 도시로 왔어요. 꿀꿀 hēnghēng이네 약국에서 약 yào을 사고 집으로 돌아가는 길이 멀어서 오두막 집에서 잠시 쉬었다 xiūxi 가기로 했어요. 흰 bái 쥐는 신발 xié도 모두 낡아 다리도 아프고, 밥 fàn을 먹지 못해 배도 고팠는데, 마침 맛있어 보이는 치즈를 발견했어요. 살금살금 다가가 치즈를 먹으려고 하는데, 갑자기 뚱뚱한 pàng 검정색 hēi 고양이 māo가 나타나 잡아먹으려 했어요. 놀란 쥐는 걸음아 나 살려라 하며, 아래 층 lóu 구멍으로 뛰어 pǎo 도망갔답니다.

4 그림을 보며 이야기의 내용을 자유롭게 생각해 보고, 역할을 정해서 중국어로 대화해 보세요.

CD1-36

등장인물     

너희 가족은
몇 식구니?
저희 가족은
세 식구예요.

너희는
무엇을 사니?
딸기는
안 팝니다.
저는 사과를
사요.
저는 포도를
사요.
저는 딸기를
사요.

5 신나게 노래를 따라 불러보세요.

[괄호]부분에 가족 명칭이나 찾고 싶은 사물 이름을 넣어 불러보세요.

我的朋友在哪里

在 这 里 在 这 里
zài zhè lǐ zài zhè lǐ

我 的 [朋 友] 在 这 里
wǒ de [péng you] zài zhè lǐ

今天下雨

Jīntiān xiàyǔ 오늘은 비가 내려

그림을 보고 이번 과에서 배울 내용을 상상해 볼까요?

더워~

비가 내려~

눈이 내려~

说一说
와글와글~ 친구들과 대화해요
CD2-02
今天天气怎么样?
Jīntiān tiānqì zěnmeyàng?
今天天晴。
Jīntiān tiān qíng.
今天 jīntiān 오늘 | 天气 tiānqì 날씨 |
怎么样 zěnmeyàng 어때, 어떠하다 | 晴 qíng 맑다

今天天气怎么样?
Jīntiān tiānqì zěnmeyàng?
今天下雨。
Jīntiān xiàyǔ.
下雨 xiàyǔ 비가 내리다

很 hěn 매우, 아주 | 好 hǎo 좋다 | 一起 yìqǐ 함께 | 踢足球 tī zúqiú 축구 하다

qíng : 반짝 반짝 손 동작 해주세요.
yīn : 두 손으로 눈을 가려 주세요.
xiàyǔ : 두 손을 V를 해 주세요.
xiàxuě : 두 손을 O를 해 주세요.

天气怎么样?

怎么样? 怎么样? 天气怎么样? 晴 晴, 天气很晴。
Zěnmeyàng? Zěnmeyàng? Tiānqì zěnmeyàng? Qíng qíng, tiānqì hěn qíng.

怎么样? 怎么样? 天气怎么样? 阴 阴, 天气很阴。
Zěnmeyàng? Zěnmeyàng? Tiānqì zěnmeyàng? Yīn yīn, tiānqì hěn yīn.

怎么样? 怎么样? 天气怎么样? 下 下, 天气下雨。
Zěnmeyàng? Zěnmeyàng? Tiānqì zěnmeyàng? Xià xià, tiānqì xiàyǔ.

怎么样? 怎么样? 天气怎么样? 下 下, 天气下雪。
Zěnmeyàng? Zěnmeyàng? Tiānqì zěnmeyàng? Xià xià, tiānqì xiàxuě.

阴 yīn 흐리다 | 下雪 xiàxuě 눈이 내리다

j, q, x + ian, in, iang, ing, iong

ian (yan)

우리말의 이엔으로 발음하고, 이안으로 발음하지 않아요. 성모와 결합하지 않을 때는 yan으로 표기해요.

iān	ián
iǎn	iàn

in (yin)

우리말의 인처럼 ㄴ받침을 붙여 콧소리로 발음해요. 성모와 결합하지 않을 때는 yin으로 표기해요.

īn	ín
ǐn	ìn

우리말의 이앙처럼 ㅇ받침을 붙여 콧소리로 발음해요. 성모와 결합하지 않을 때는 yang로 표기해요.

iāng	iáng
iǎng	iàng

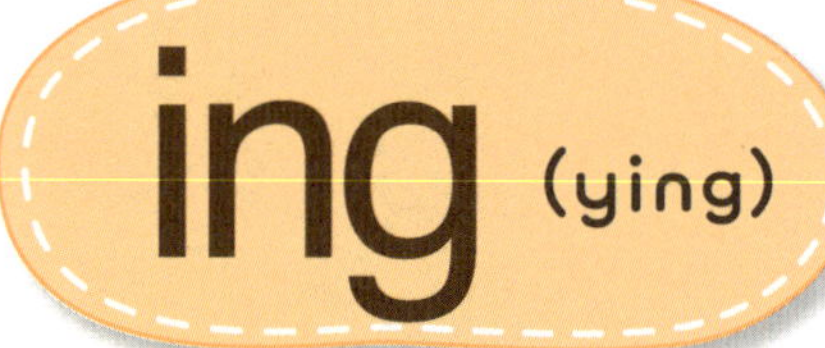

우리말의 잉처럼 ㅇ받침을 붙여 콧소리로 발음해요. 성모와 결합하지 않을 때는 ying로 표기해요.

īng	íng
ǐng	ìng

우리말의 이옹처럼 발음해요. 성모와 결합하지 않을 때는 yong로 표기해요.

iōng	ióng
iǒng	iòng

발음 속 이야기 여행을 떠나 볼까요?
CD2-06
비가 내리는 날씨에는 부채장수 아들을 걱정하고,
해 tàiyáng가 뜨는 맑은 qíng 날씨에는 우산이 안 팔려서
돈 qián을 못 버는 우산장수 아들을 걱정하는 어머니가 있었어요.
어느 날 두 아들은 서로 만나 jiàn 좋은 방법을 생각 xiǎng 했어요.
비가 내리는 날씨에는 우산으로, 해 tàiyáng가 뜨는 맑은 qíng
날씨에는 부채로 사용할 yòng 수 있는 부채 우산을 만들었지요.
날씨가 흐려져 yīn 비가 내리는 어느 날, 두 아들은 어머니를 찾아가
기쁜 소식을 전해 드렸고, 어머니는 더 이상 걱정하지 않았답니다.
yīn
qíng
jiàn
xiǎng
yòng

步步高

쑥쑥~ 실력을 키워요

다음 물음표에 중국어를 대입한 후, 큰 소리로 말해 볼까요?

热 rè 덥다 | 冷 lěng 춥다 | 阴 yīn 흐리다

下雪
xiàxuě

刮风
guāfēng

下雨
xiàyǔ

打雷
dǎléi

很冷
hěn lěng

下雪 xiàxuě 눈이 내리다 | 刮风 guāfēng 바람이 불다 | 打雷 dǎléi 천둥 치다

일기예보를 보고 알맞은 날씨 그림 스티커를 붙인 후, 중국어로 말해 보세요.

韩国 Hánguó	中国 Zhōngguó	日本 Rìběn	美国 Měiguó	法国 Fǎguó

한국
晴 qíng

중국
阴 yīn

미국
下雪 xiàxuě

일본
下雨 xiàyǔ

프랑스
打雷 dǎléi

今天天气怎么样?
Jīntiān tiānqì zěnmeyàng?

法国 Fǎguó 프랑스

1 녹음을 잘 듣고 알맞은 발음을 찾아 ○표를 하고 빈칸에 써 보세요.

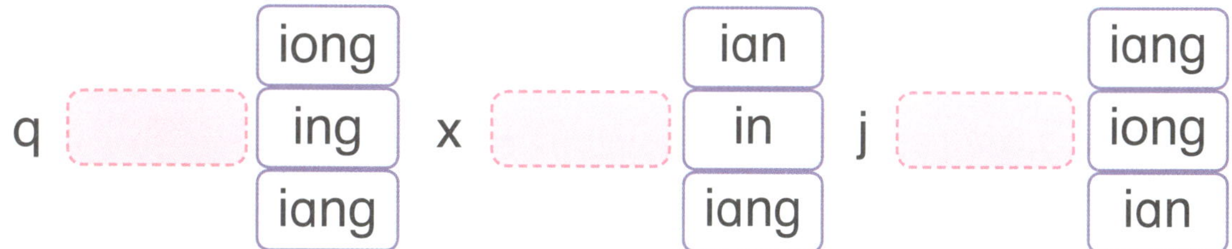

2 다음 빈칸에 알맞은 병음을 보기 에서 찾아 쓴 후, 그림과 연결해 보세요.

보기 ià d f x ǎ ēng

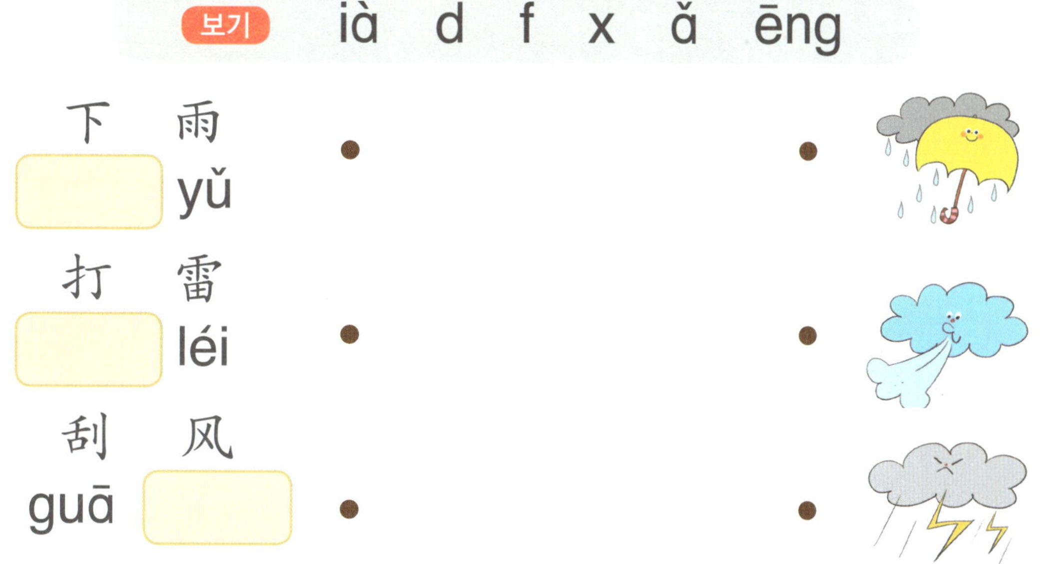

3 다음 그림을 보고, 대화에 알맞은 스티커를 찾아 붙여 보세요.

봄날의 불청객 황사

중국에서 샤천빠오(沙尘暴 shāchénbào) 혹은 황샤(黄沙 huángshā)로 불리는 황사는 내몽고의 사막지역에서 바람을 타고 날아오는 모래 먼지로 하늘과 땅을 온통 노란색으로 뒤덮는데요. 건조한 날씨와 함께 이미 봄날의 불청객이 되었죠.

황사가 부는 날 마스크 대신 양파자루 혹은 모기장 같은 주머니나 비닐 봉지를 얼굴에 뒤집어 쓰고 황사를 피하는 중국 사람들을 많이 볼 수 있는데요. 실제로 이것은 양파자루가 아닌, 모래바람을 막기 위한 아이디어 상품 샤찐(纱巾shājīn)입니다.

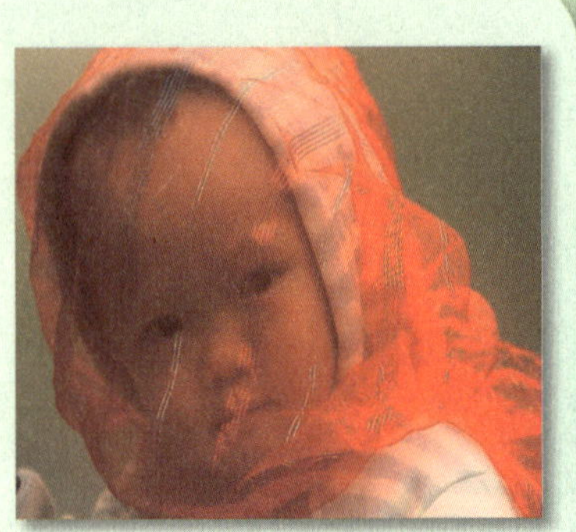

황사가 있는 봄날에는 어떻게 해야 할까요? 황사가 부는 날은 창문을 닫고, 외출할 때는 꼭 마스크를 착용하도록 합니다. 외출하고 집에 돌아오면 양치를 하고 손과 발 얼굴을 깨끗하게 씻어주어야 합니다.

第六课

现在几点?

Xiànzài jǐ diǎn? 지금 몇 시야?

그림을 보고 이번 과에서 배울 내용을 상상해 볼까요?

9시

몇 시?

说一说
와글와글~ 친구들과 대화해요
CD2-10
现在几点?
Xiànzài jǐ diǎn?
现在六点。
Xiànzài liù diǎn.
现在 xiànzài 지금, 현재 | 几 jǐ 몇 | 点 diǎn 시, 시간 |
六 liù 6, 여섯 | 七 qī 7, 일곱 | 半 bàn 반, 30분

现在几点？
Xiànzài jǐ diǎn?
现在七点半。
Xiànzài qī diǎn bàn.

快 kuài 빨리 | 起床 qǐchuáng 일어나다 |
天啊 tiān'a 어머나, 맙소사(감탄사)

CD2 - 12

챈트를 잘 듣고 들리는 시간과 일치한 시계 그림을 모두 찾아 ○표를 해 보세요.

现在几点?

几点? 几点? 现在几点?　六点，六点，现在六点。

Jǐ diǎn? Jǐ diǎn? Xiànzài jǐ diǎn? Liù diǎn, liù diǎn, xiànzài liù diǎn.

几点? 几点? 现在几点?　八点，八点，现在八点。

Jǐ diǎn? Jǐ diǎn? Xiànzài jǐ diǎn? Bā diǎn, bā diǎn, xiànzài bā diǎn.

几点? 几点? 现在几点?　半，半，现在七点半。

Jǐ diǎn? Jǐ diǎn? Xiànzài jǐ diǎn? Bàn, bàn, xiànzài qī diǎn bàn.

7:30

z, c, s + ua, uo, uai, uei(ui)

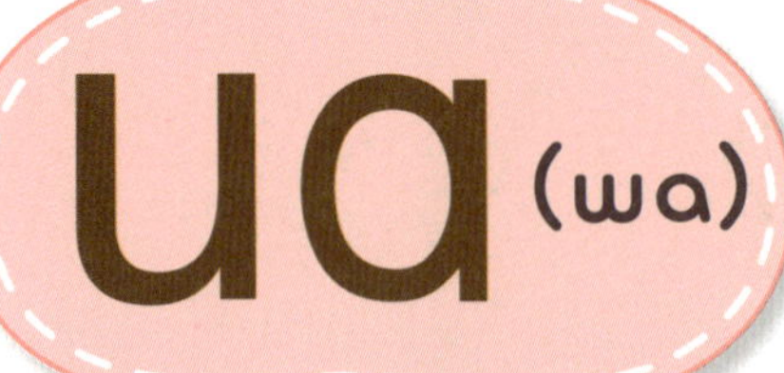

우리말의 우아처럼 발음해요.
u(우)를 짧게 a(아)를 길게 발음해요.
성모와 결합하지 않을 때는 wa로 표기해요.

uā	uá
uǎ	uà

우리말의 우워처럼 발음해요.
u(우)를 짧게 o(오어)를 길게 발음해요. 성모와 결합하지 않을 때는 wo로 표기해요.

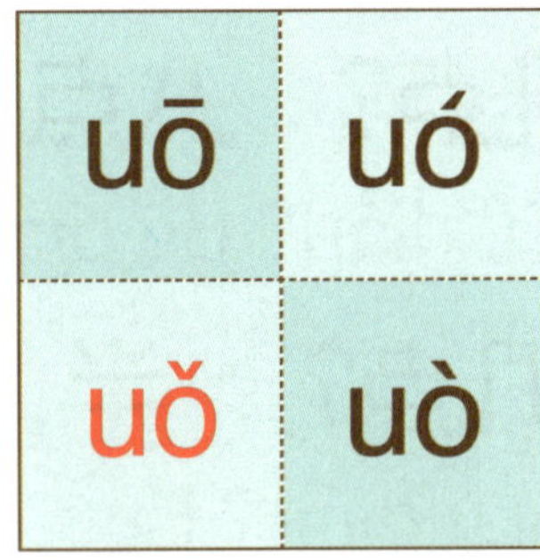

uō	uó
uǒ	uò

우리말의 우아이처럼 발음해요.
u(우)를 짧게 a(아)를 길게 i(이)를 붙여 발음해요. 성모와 결합하지 않을 때는 wai로 표기해요.

uāi	uái
uǎi	uài

u(우)를 짧게 발음하면서 우리말의 우에이처럼 발음해요. 성모와 결합하지 않을 때는 wei로 표기하고, 성모와 결합하면 성모+ui로 표기해요.

uēi	uéi
uěi	uèi

발음 속 이야기 여행을 떠나 볼까요?

CD2-14

밖에 wàibian 비가 내려 놀러 갈 수 없는 췌이 cuī는 오늘 엄마와 함께 과자를 만들어요 zuò. 비행기, 예쁜 인형 wáwa, 양말 wàzi, 열쇠와 자물쇠 suǒ 여러 모양의 과자를 만들며 zuò 누가 제일 zuì 잘 만들었는지 자랑을 해요. 그런데 갑자기 예쁜 과자 인형들 wáwa이 반짝반짝 빛이 나더니 움직이기 시작했어요. 과자 인형들 wáwa은 췌이 cuī에게 성탄양말 wàzi 한 가득 선물을 담아 주고, 함께 춤을 추며 즐겁게 놀았답니다.

步步高
쑥쑥~ 실력을 키워요

다음 물음표에 중국어를 대입한 후, 큰 소리로 말해 볼까요?

九 jiǔ 9, 아홉 | 两 liǎng 2, 둘 | 十一 shíyī 11, 열 하나 | 三 sān 3, 셋

一点十分
yì diǎn shí fēn

四点
sì diǎn

三点二十分
sān diǎn èrshí fēn

两点半
liǎng diǎn bàn

九点十五分
jiǔ diǎn shíwǔ fēn

一 yī 1, 하나 | 十 shí 10, 열 | 分 fēn 분 | 四 sì 4, 넷 |
二十 èrshí 20, 스물 | 十五 shíwǔ 15, 열 다섯

콩콩이의 하루 일과를 보고 시간에 알맞게 한자 스티커를 붙여 보세요.

现在几点?

Xiànzài jǐ diǎn?

1

2

3

4

5

6

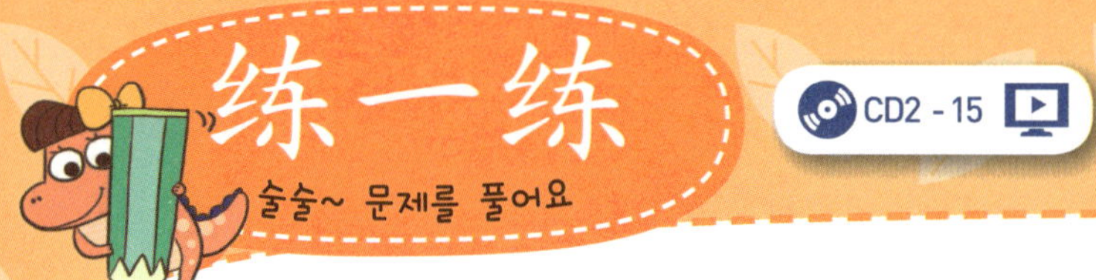

1 녹음을 잘 듣고 빈칸에 알맞은 병음을 보기 에서 찾아 써 보세요.

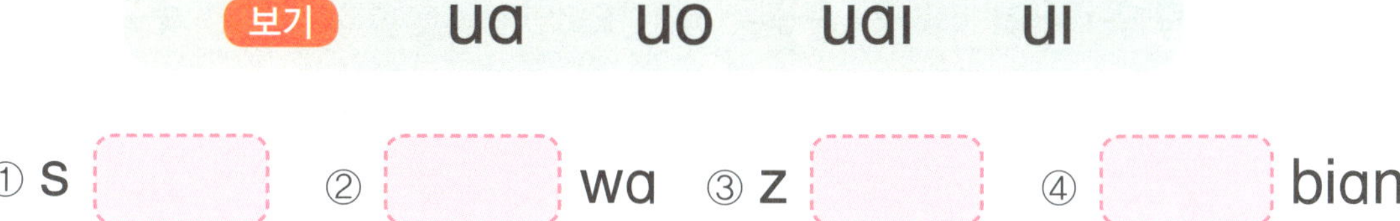

① s ＿＿ ② ＿＿ wa ③ z ＿＿ ④ ＿＿ bian

2 그림에 알맞은 병음을 보기 에서 찾아 바르게 써 보세요.

보기 jiǔ diǎn shí fēn / liǎng diǎn shíwǔ fēn / wǔ diǎn bàn

3 다음 그림을 보고, 대화에 알맞은 스티커를 찾아 붙여 보세요.

세계 여러 나라의 시간을 알아봐요

여러분! 우리 나라와 중국은 1시간의 시간 차이가 있어요. 중국이 우리 나라보다 1시간이 느리기 때문에 예를 들어, 우리나라가 오후 6시이면 중국은 오후 5시에요. 여러분이 한국에서 중국으로 여행을 떠났다면 가져간 시계를 1시간 늦춰야 해요.

일본은 어떨까요? 일본은 우리 나라와 시간의 차이가 없어요. 그럼 저 멀리 떨어진 미국의 수도인 워싱턴은 어떨까요? 미국의 워싱턴은 한국보다 시간이 13시간 느리답니다.

그림 위의 그림을 보고 각 나라의 알맞은 시간을 그려 넣어 볼까요?

第七课

火车比汽车快

Huǒchē bǐ qìchē kuài 기차가 자동차보다 빨라

그림을 보고 이번 과에서 배울 내용을 상상해 볼까요?

내가 너보다 빨라

내가 너보다 키가 커

说一说
와글와글~ 친구들과 대화해요
CD2 - 18
火车比自行车快。
Huǒchē bǐ zìxíngchē kuài.
快的是什么?
kuài de shì shénme?

快 kuài 빠르다 | 的 de ~(의)것 | 火车 huǒchē 기차 | 比 bǐ ~보다 |
自行车 zìxíngchē 자전거 | 汽车 qìchē 자동차

飞机 fēijī 비행기 | 慢 màn 느리다 | 最 zuì 가장, 최고

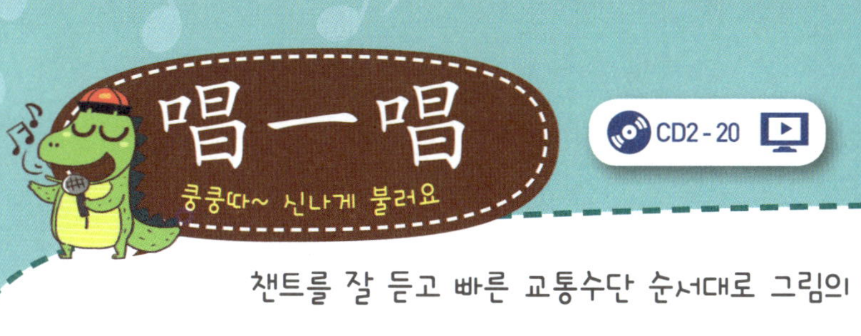

챈트를 잘 듣고 빠른 교통수단 순서대로 그림의 빈칸에 숫자를 써 보세요.

快快快！慢慢慢！

快快快！ 火车比汽车快。
Kuài kuài kuài! Huǒchē bǐ qìchē kuài.

快快快！ 飞机比火车快。
Kuài kuài kuài! Fēijī bǐ huǒchē kuài.

慢慢慢！ 汽车比火车慢。
Màn màn màn! Qìchē bǐ huǒchē màn.

慢慢慢！ 火车比飞机慢。
Màn màn màn! Huǒchē bǐ fēijī màn.

zh, ch, sh, r + uan, uen(un), uang, ueng

uan (wan)

우리말의 우안처럼 발음 해요.
u(우)를 짧게 an(안)을 붙여 발음해요.
성모와 결합하지 않을 때는 wan으로 표기해요.

uān	uán
uǎn	uàn

zhuànqián
赚钱 돈을 벌다

uen (wen,un)

u(우)를 짧게 하고, en(언)을 붙여 우리말의 우언처럼 발음해요. 성모와 결합하지 않을 때는 wen로 표기하고, 성모와 결합하면 성모+un으로 표기해요.

uēn	uén
uěn	uèn

chūntiān
春天 봄

uang (wang)

우리말의 우앙처럼 발음 해요. u(우)를 짧게 ang(앙)을 붙여 발음해요.
성모와 결합하지 않을 때는 wang로 표기해요.

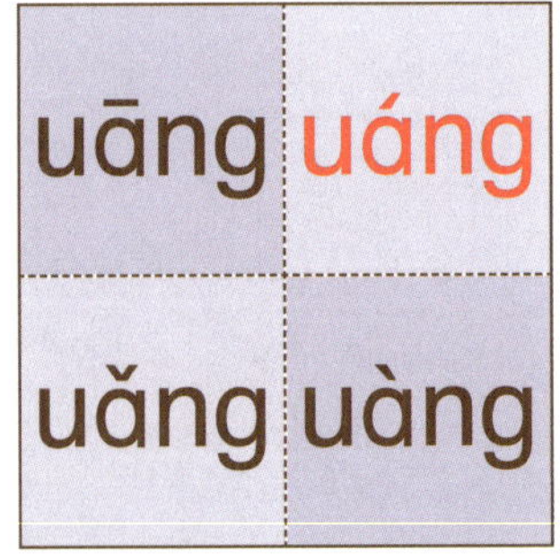

uāng	uáng
uǎng	uàng

wáng 王 왕, 임금

ueng (weng)

우리말의 우엉처럼 발음 해요. u(우)를 짧게 eng(엉)을 붙여 발음해요. 성모와 결합하지 않을 때는 weng로 표기해요.

uēng	uéng
uěng	uèng

wēng 嗡 윙윙

발음 속 이야기 여행을 떠나 볼까요?

CD2-22

나비가 날고, 벌들이 윙윙 wēng 날아다니는 봄 chūntiān이 되었어요.
왕 wáng이 또 새로운 옷을 준비 zhǔnbèi 하라고 명령하자,
두 명의 사기꾼이 돈을 벌기 zhuànqián 위해 왕을 찾아가 세상에서
가장 멋진 옷을 만들겠다고 하고는 많은 돈을 받아갔어요. 며칠 뒤 두 사기꾼은,
왕 wáng에게 지혜로운 사람만 보인다는 신비한 옷을 왕에게 보여줬어요.
왕은 옷이 보이지 않았지만, 아주 멋진 옷이라고 칭찬했어요.
그렇게 왕은 아무 옷도 입지 chuān 않은 채, 벌거벗은 왕으로 살았답니다.

wēng

wáng

chūntiān

zhuànqián

步步高
쑥쑥~ 실력을 키워요

다음 물음표에 중국어를 대입한 후, 큰 소리로 말해 볼까요?

火车
huǒchē

汽车
qìchē

船
chuán

地铁
dìtiě

飞机
fēijī

船 chuán 배 | 地铁 dìtiě 지하철

快 kuài

高 gāo

矮 ǎi

大 dà

小 xiǎo

高 gāo 높다, 키가 크다 | 矮 ǎi 낮다, 키가 작다 |
大 dà 크다, 나이가 많다 | 小 xiǎo 작다, 나이가 적다

다음 한자를 보고 가장 빠른 교통의 순서와 나이가 가장 많은 순서대로 각각의 문제에 알맞게 스티커를 붙이고, 중국어로 말해 보세요!

1 빠른 교통 순서대로 스티커를 붙여주세요.

_____比bǐ_____快kuài。

2 나이가 많은 순서대로 스티커를 붙여주세요.

_____比bǐ_____大dà。

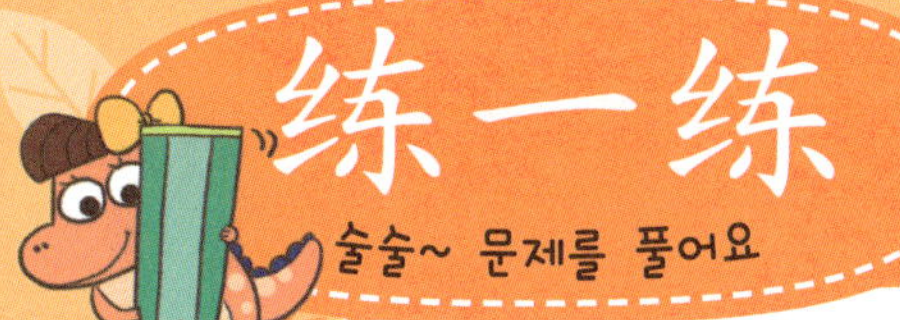

1 녹음을 잘 듣고 빈칸에 알맞은 병음을 보기 에서 찾아 써 보세요.

① ch ☐ tiān ② ☐ áng ③ zh ☐ qián ④ ☐ ēng

2 그림에 알맞은 단어의 병음을 찾아 ○표를 한 후, 써 보세요.

飞机	火车	地铁
fēijì / fēijī	huǒchē / huǒchě	dìtiě / dītiě

3 다음 그림을 보고, 대화에 알맞은 스티커를 찾아 붙여 보세요.

나는 너보다 키가 작아.

Wǒ bǐ nǐ gāo ma?

중국의 자전거

중국의 교통수단하면 자전거를 빼놓을 수 없죠!
중국의 어느 도시를 가더라도 넓은 도로에서 신호를 기다리는 자전거 무리를 볼 수 있습니다. 한국에서는 아직도 자전거를 레저용으로 타는 경우가 많지만, 중국사람들은 어디를 가든지 자전거를 타고 이동합니다.
비가 오나 눈이 오나 짐이 많을 때도 변함없이 자전거를 이용한답니다.
자전거를 타면 환경오염도 막고
우리 건강도 튼튼해지겠죠?
여러분은 자전거를 탈 줄 아나요?

第八课

我想吃面包

Wǒ xiǎng chī miànbāo 나는 빵을 먹고 싶어

그림을 보고 이번 과에서 배울 내용을 상상해 볼까요?

먹고 싶어~

우유 마시기 싫어요!

说一说
와글와글~ 친구들과 대화해요
CD2-26
我想吃面包。
Wǒ xiǎng chī miànbāo.
你想吃什么?
Nǐ xiǎng chī shénme?
想 xiǎng ~하고 싶다 | 吃 chī 먹다 | 面包 miànbāo 빵

喝 hē 마시다 | 果汁 guǒzhī 주스 | 可乐 kělè 콜라

CD2-27
你们想吃冰淇淋吗?
Nǐmen xiǎng chī bīngqílín ma?
我们不想吃冰淇淋。
Wǒmen bù xiǎng chī bīngqílín.
冰淇淋 bīngqílín 아이스크림
不想 bù xiǎng ~하고 싶지 않다, ~하기 싫다

챈트를 잘 듣고 들리는 음식과 음료수를 그림에서 모두 찾아 ○표를 해 보세요.

想吃 想喝

想吃，你想吃什么？想吃，我想吃面包。
Xiǎng chī, nǐ xiǎng chī shénme? Xiǎng chī, wǒ xiǎng chī miànbāo.

想吃，你想吃什么？想吃，我想吃冰淇淋。
Xiǎng chī, nǐ xiǎng chī shénme? Xiǎng chī, wǒ xiǎng chī bīngqílín.

想喝，你想喝什么？想喝，我想喝果汁。
Xiǎng hē, nǐ xiǎng hē shénme? Xiǎng hē, wǒ xiǎng hē guǒzhī.

想喝，你想喝什么？想喝，我想喝可乐。
Xiǎng hē, nǐ xiǎng hē shénme? Xiǎng hē, wǒ xiǎng hē kělè.

j, q, x + üe, ün, üan, er

우리말의 위에처럼 발음 해요. ü(위)를 짧게 e(에)를 붙여 발음해요. 성모와 결합하지 않을 때는 yue로 표기하고, 성모 j,q,x와 결합하면 j,q,x+ue로 표기해요.

üē	üé
üě	üè

xuéxí 学习 공부하다

우리말의 윈처럼 발음 해요. ü(위)에 우리말의 ㄴ을 붙여 발음해요. 성모와 결합하지 않을 때는 yun으로 표기하고, 성모 j,q,x와 결합하면 j,q,x+un으로 표기해요.

ǖn	ǘn
ǚn	ǜn

yún 云 구름

우리말의 위엔처럼 발음 해요. ü(위)를 짧게 an(엔)을 붙여 발음해요. 성모와 결합하지 않을 때는 yuan으로 표기하고, 성모 j,q,x와 결합하면 j,q,x+uan으로 표기해요.

üān	üán
üǎn	üàn

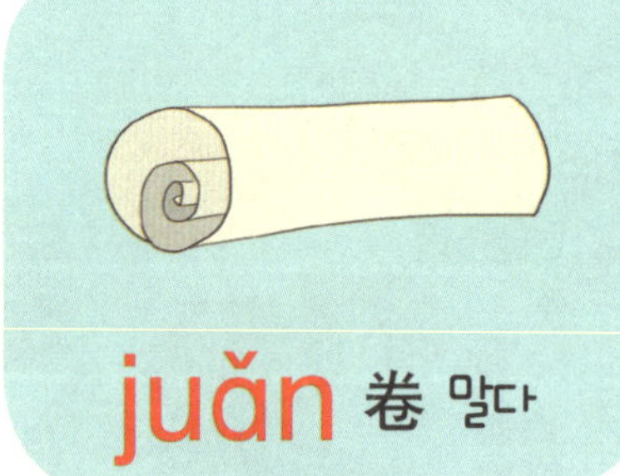

juǎn 卷 말다

우리말의 얼처럼 발음해요. 단, 혀끝이 입천장에 닿지 않을 정도로 굴려 발음합니다.

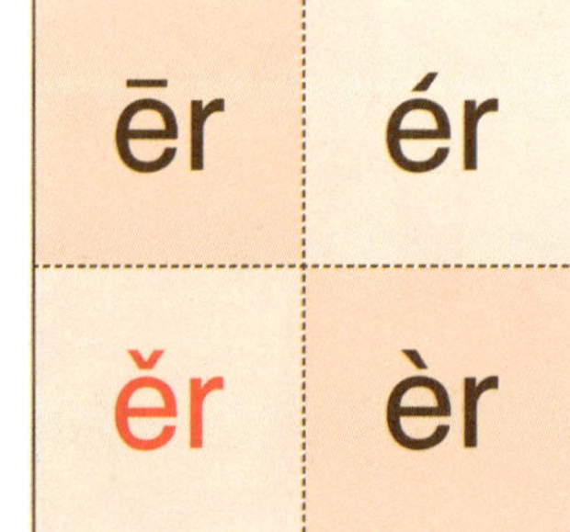

ēr	ér
ěr	èr

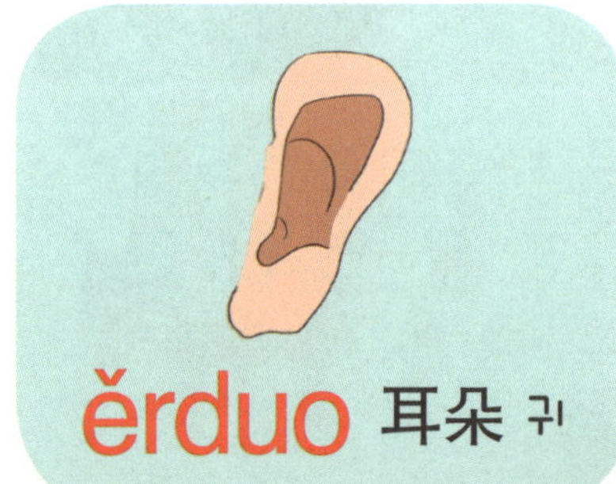

ěrduo 耳朵 귀

발음 속 이야기 여행을 떠나 볼까요?

CD2 - 30

xuéxí

구름 yún이 많고 흐린 날 선비는 공부 xuéxí를 마치고 집으로 돌아가는 길에 구덩이에 빠진 호랑이를 발견하고 자신이 입던 옷을 둘둘 말아 juǎn 밧줄을 만들어서 구해 주었어요. 그러나 호랑이는 선비를 잡아먹으려 했지요. 보고 있던 토끼는 맛있는 소시지를 보여 주며, 호랑이의 귀 ěrduo에 대고 주먹 quántou을 내라고 하고, 선비 귀 ěrduo에 대고는 가위를 내라고 했지요. 계속 이기는 호랑이는 기뻐하며 계속 소시지를 먹었어요. 몹시 배가 불러 잠이 든 호랑이를 피해 선비와 토끼는 무사히 도망을 갔답니다.

다음 물음표에 중국어를 대입한 후, 큰 소리로 말해 볼까요?

比萨
bǐsà

蛋糕
dàngāo

汉堡包
hànbǎobāo

面包
miànbāo

炸酱面
zhájiàngmiàn

比萨 bǐsà 피자 | 蛋糕 dàngāo 케이크 |
汉堡包 hànbǎobāo 햄버거 | 炸酱面 zhájiàngmiàn 자장면

果汁
guǒzhī

牛奶
niúnǎi

可乐
kělè

茶
chá

水
shuǐ

牛奶 niúnǎi 우유 | 茶 chá 차 | 水 shuǐ 물

먹깨비가 무엇을 먹고 싶고, 무엇을 마시고 싶은지 한자를 보고, 알맞은 스티커를 붙인 후, 중국어로 말해 보세요!

我想喝＿＿＿＿＿＿。
Wǒ xiǎng hē＿＿＿＿.

我想吃＿＿＿＿＿。
Wǒ xiǎng chī＿＿＿＿.

牛奶 niúnǎi

蛋糕 dàngāo

汉堡包 hànbǎobāo

果汁 guǒzhī

可乐 kělè

水 shuǐ

比萨 bǐsà

炸酱面 zhájiàngmiàn

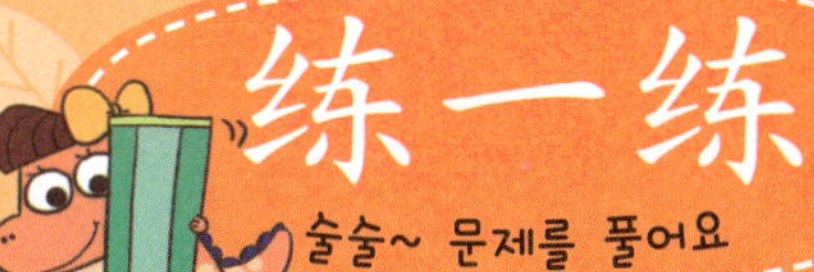

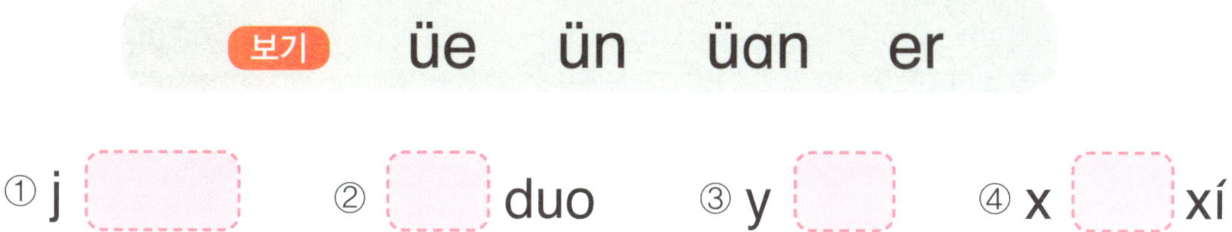

2 그림에 알맞은 단어의 병음을 찾아 ○표를 한 후, 써 보세요.

3 다음 그림을 보고, 대화에 알맞은 스티커를 찾아 붙여 보세요.

중국의 4대 요리

베이징요리

강한불을 사용한 튀김요리와 기름진 볶음요리가 특징이에요. 대표적인 음식으로는 베이징 오리구이 (北京烤鸭 Běijīng kǎoyā)요리가 있어요.

쓰촨요리

요리에 향신료를 많이 넣은 매운맛이 특징이에요. 느끼하지 않아 한국 사람들의 입맛에도 잘 맞아요. 대표적인 음식으로는 마파두부(麻婆豆腐 mápó dòufu)가 있어요.

상하이요리

해산물 재료를 많이 사용하며, 달고 진한 맛이 특징이에요. 대표적인 음식으로는 게요리(大闸蟹 dàzháxiè)가 있어요.

광뚱요리

정통적인 맛과 국제적인 맛이 조합된 퓨전 요리가 발달했어요. 자연의 맛을 살린 담백한 맛이 특징이에요. 대표적인 음식으로는 딤섬(点心 diǎnxin)이 있어요.

1 선생님께서 표 안의 단어를 골라 읽어주면, 학생들은 그 단어를 찾아 캐릭터 스티커를 붙여 가린 후, 표 안의 빈칸에 방금 스티커로 가린 한자와 병음을 써 보세요.

晴 qíng	下雪 xiàxuě	①	下雨 xiàyǔ
②	半 bàn	点 diǎn	分 fēn
汽车 qìchē	快 kuài	飞机 fēijī	③
蛋糕 dàngāo	④	茶 chá	面包 miànbāo

2 스티커를 붙여 다음 문장을 완성해 보세요.

생쥐, 롱롱이, 콩콩이, 아기돼지를 순서대로 만나면서 중국어 문장을 완성해야 보물상자 스티커를 획득할 수 있어요. 스티커를 모두 붙여 문장을 완성하면 성공!

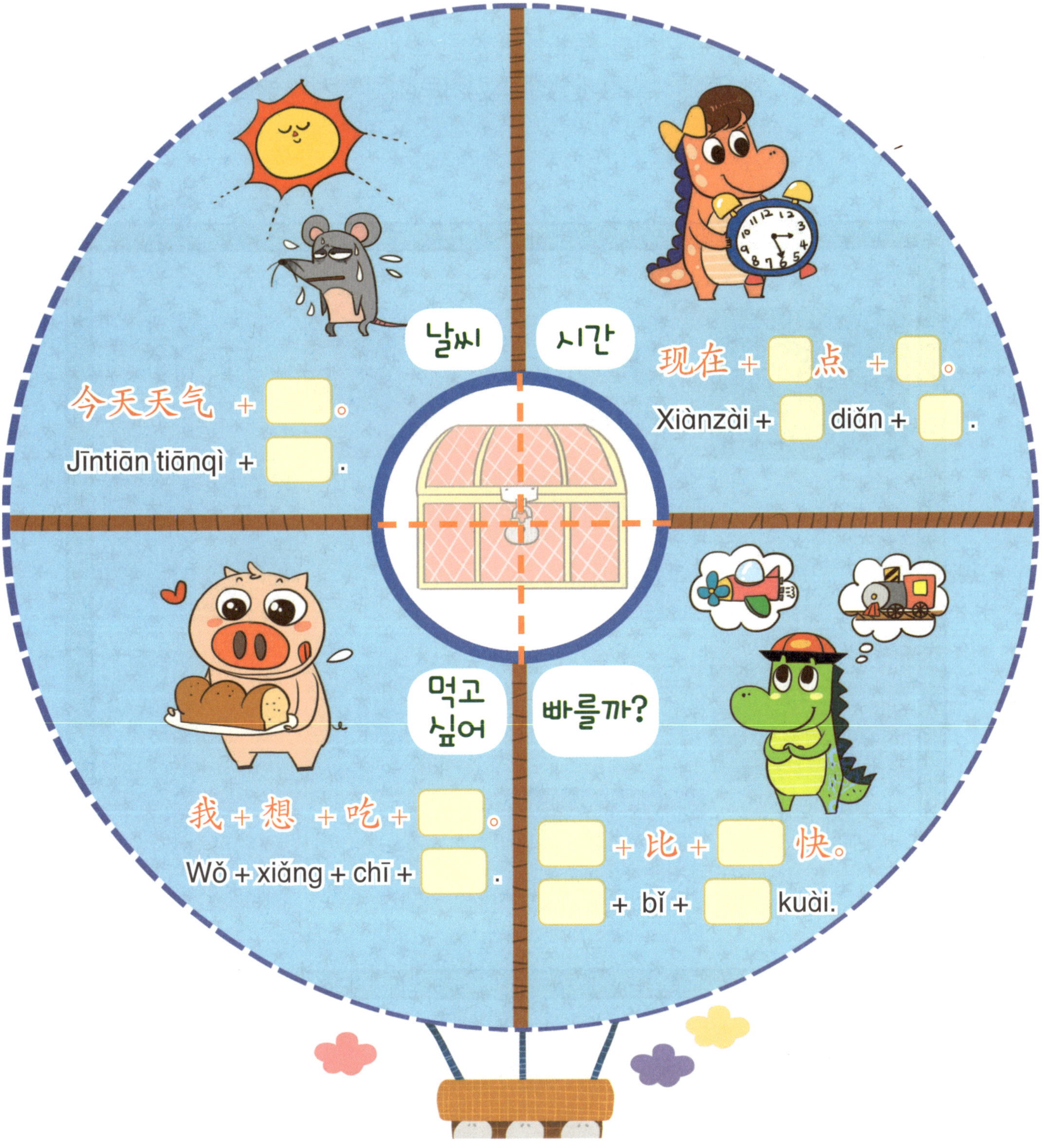

날씨

今天天气 + ☐。

Jīntiān tiānqì + ☐.

시간

现在 + ☐ 点 + ☐。

Xiànzài + ☐ diǎn + ☐.

먹고 싶어

我 + 想 + 吃 + ☐。

Wǒ + xiǎng + chī + ☐.

빠를까?

☐ + 比 + ☐ 快。

☐ + bǐ + ☐ kuài.

3 이야기를 읽고, 이야기 속에 숨어 있는 발음을 말해 보세요.

소녀는 공부 xuéxí를 하고 싶었지만, 집이 가난해 양말 wàzi을 팔아 돈을 벌어야 했어요 zhuànqián. 태양이 tàiyáng 따뜻하게 비추고, 꿀벌이 윙윙 wēng wēng 거리는 맑은 qíng 봄 날 chūntiān, 소녀는 양말 wàzi을 만드는 zuò 실을 사려고 밖 wàibian으로 나갔는데, 주인 없이 버려진 인형 wáwa을 만났어요 jiàn. 소녀는 남아 있는 실을 사용 yòng하여 인형의 없어진 귀 ěrduo를 만들고, 천을 말아 juǎn 새 옷을 만들어 입혀 chuān 주었어요.

그런데, 갑자기 구름 yún이 몰려 들더니 날씨가 흐려져 yīn 비가 내리기 시작했어요. 우산을 준비 zhǔnbèi하지 못해서 비를 맞고 있는데, 소녀의 사랑으로 마법이 풀린 인형이 멋진 왕자 wángzǐ로 변해 소녀에게 우산을 씌워 주었답니다.

4 그림을 보며 이야기의 내용을 자유롭게 생각해 보고, 역할을 정해서 중국어로 대화해 보세요. CD2-35

등장인물

5 

노래에 나오는 날씨는 어떤 날씨인지 중국어로 말해 보세요.

下雨沙沙

下 雨 下 雨 沙沙沙 沙沙沙
xià yǔ xià yǔ shā shā shā shā shā shā

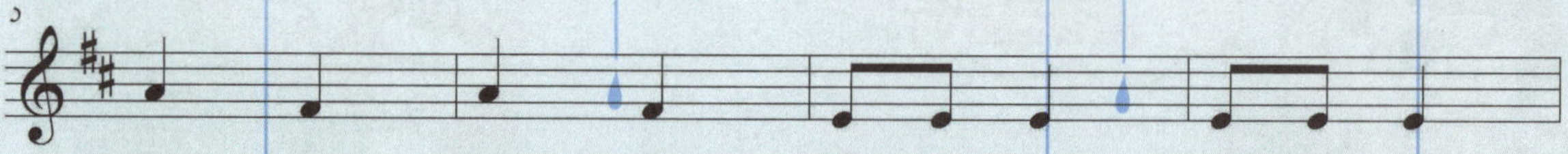

种 子 种 子 在说话 在说话
zhǒng zi zhǒng zi zài shuō huà zài shuō huà

哎呀呀 哎呀呀 雨水真 - 甜
āi yā yā āi yā yā yǔ shuǐ zhēn - tián

13

哎哟哟 哎哟哟 我要发- 芽
āi yō yō āi yō yō wǒ yào fā- yá

텍스트북 정답

1과 我去书店 나는 서점에 가
1과 29p
练一练
술술~ 문제를 풀어요
CD1-08
1 녹음을 잘 듣고 빈칸에 알맞은 발음을 보기에서 찾아 써 보세요.
보기 ái āo àn àng
① b ái ② p àng ③ m āo ④ f àn
2 다음 그림에 알맞은 병음을 보기에서 찾아 써 보세요.
보기 y āo x ī ch iào
学校 xué xiào
超市 chāo shì
医院 yī yuàn
3 다음 그림을 보고, 대화에 알맞은 스티커를 찾아 붙여 보세요.
你去哪儿? Nǐ qù nǎr?
我去面包店。
我去书店，你呢?
我也去书店。 Wǒ yě qù shūdiàn.
나는 서점에 가 29

2과 电脑在哪儿 컴퓨터는 저쪽에 있어
2과 40p
玩一玩
다음 그림에 사물 스티커를 붙여 완성한 후, 중국어로 말해 보세요.
____在哪儿?
____ zài nǎr?
40 2과

2과 电脑在哪儿 컴퓨터는 저쪽에 있어
2과 41p
练一练
술술~ 문제를 풀어요
CD1-16
1 녹음을 잘 듣고 빈칸에 알맞은 병음을 보기에서 찾아 써 보세요.
보기 òu òng óng óu
① l óu ② t òng ③ n óng cūn ④ d òu
2 다음 단어와 알맞은 사물을 찾아 ○표를 한 후, 선을 연결해 보세요.
娃娃 wáwa
电话 diànhuà
床 chuáng
椅子 yǐzi
3 다음 그림을 보고, 대화에 알맞은 스티커를 찾아 붙여 보세요.
电脑在这儿。 Diànnǎo zài zhèr.
电脑在哪儿?
电视在哪儿? Diànshì zài nǎr?
电视在房间。
컴퓨터는 저쪽에 있어 41

3과 你家有几口人? 너희 가족은 몇 식구니?
3과 52p
玩一玩
친구들의 가족에 대해 조사해 볼까요? 가장 많이 알아 온 친구가 인터뷰 활동에서 이기는 게임입니다.
你家有几口人? Nǐ jiā yǒu jǐ kǒu rén?
你有(哥哥/姐姐/弟弟/妹妹)吗? Nǐ yǒu (gēge/jiějie/dìdi/mèimei) ma?
친구이름 가족 수 哥哥 gēge 姐姐 jiějie 弟弟 dìdi 妹妹 mèimei 小狗 xiǎogǒu 小猫 xiǎomāo
恐恐 콩콩 三
예 丹丹 딴딴 四
在珉 재민 五
米米 미미 三
52 3과

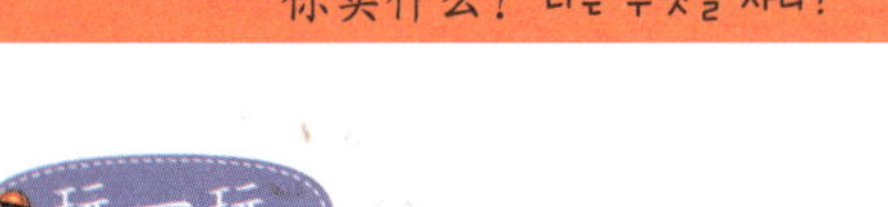

4과 你买什么? 너는 무엇을 사니?

복습과 1-4

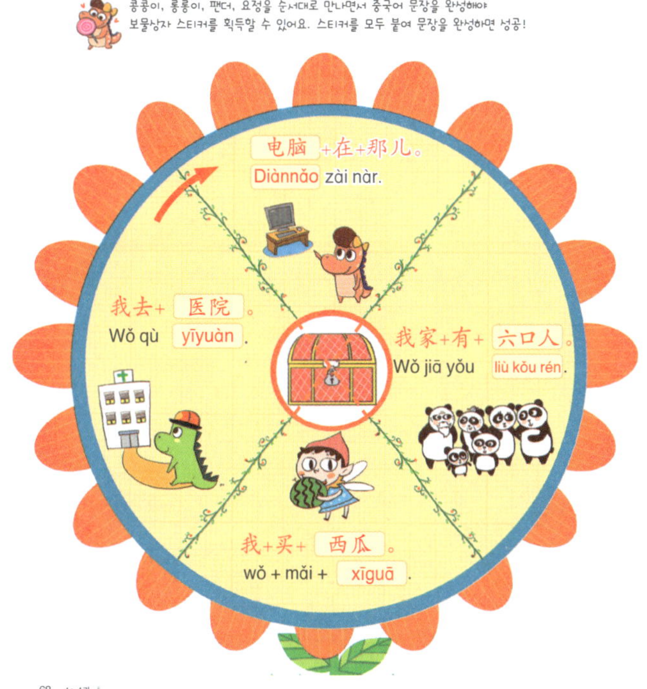

70p

4 그림을 보며 이야기의 내용을 자유롭게 생각해 보고, 역할을 정해서 중국어로 대화해 보세요.

복습과 1-4

71p

등장인물

5과 82p

일기예보를 보고 알맞은 날씨 그림 스티커를 붙인 후, 중국어로 말해 보세요.

5과 今天下雨 오늘은 비가 내려

5과 83p

6과 现在几点? 지금 몇 시야?

6과 现在几点? 지금 몇 시야?

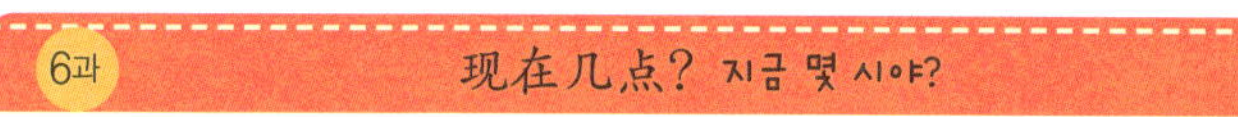

7과 火车比汽车快 기차가 자동차보다 빨라

7과 107p

练一练 술술~ 문제를 풀어요 CD2-23

1. 녹음을 잘 듣고 빈칸에 알맞은 병음을 보기 에서 찾아 써 보세요.

보기 uan un uang ueng

① ch ūn tiān ② w áng ③ zh uān qián ④ w ēng

2. 그림에 알맞은 단어의 병음을 찾아 ○표를 한 후, 써 보세요.

飞机 fēijì / fēijī
火车 huǒchē / huǒchě
地铁 dìtiě / dǐtiě

3. 다음 그림을 보고, 대화에 알맞은 스티커를 찾아 붙여 보세요.

汽车比火车快吗? Qìchē bǐ huǒchē kuài ma?
汽车比火车慢。
我比你矮。 Wǒ bǐ nǐ ǎi.
我比你高?

기차가 자동차보다 빨라 107

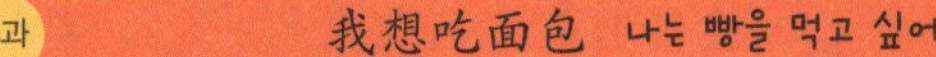

8과 118p

玩一玩 아싸~ 놀면서 배워요

먹깨비가 무엇을 먹고 싶고, 무엇을 마시고 싶은지 한자를 보고, 알맞은 스티커를 붙인 후, 중국어로 말해 보세요!

我想喝______。 Wǒ xiǎng hē______.
我想吃______。 Wǒ xiǎng chī______.

牛奶 niúnǎi
蛋糕 dàngāo
汉堡包 hànbǎobāo
果汁 guǒzhī
可乐 kělè
水 shuǐ
比萨 bǐsà
炸酱面 zhájiàngmiàn

118 8과

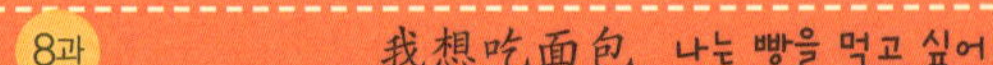

8과 119p

练一练 술술~ 문제를 풀어요 CD2-31

1. 녹음을 잘 듣고 빈칸에 알맞은 병음을 보기 에서 찾아 써 보세요.

보기 üe ün üan er

① j uǎn ② ěr duo ③ y ún ④ x ué xí

2. 그림에 알맞은 단어의 병음을 찾아 ○표를 한 후, 써 보세요.

比萨 dàngāo / bǐsà
牛奶 niúnǎi / guǒzhī
汉堡包 miànbāo / hànbǎobāo

3. 다음 그림을 보고, 대화에 알맞은 스티커를 찾아 붙여 보세요.

你想吃什么? Nǐ xiǎng chī shénme?
我想吃面包。
你想喝可乐吗?
我不想喝可乐。 Wǒ bùxiǎng hē kělè.

나는 빵을 먹고 싶어 119

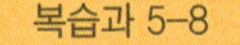

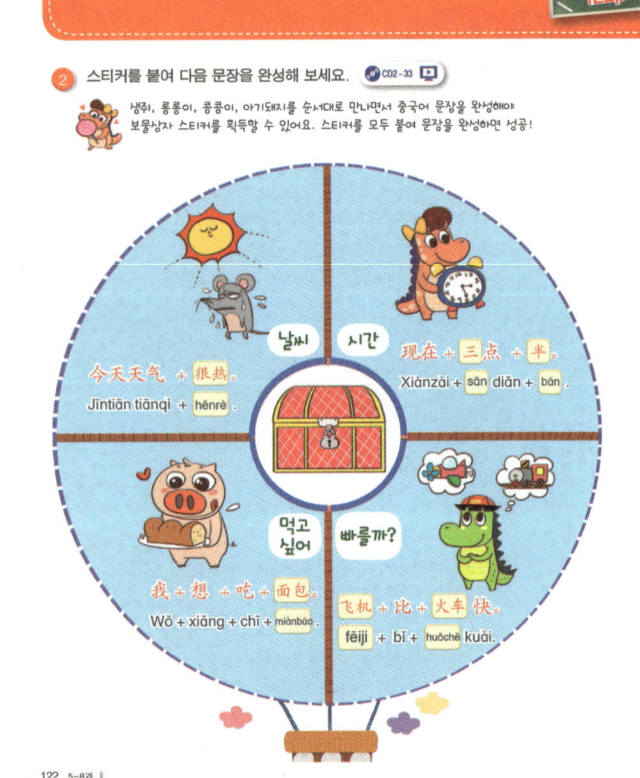
122p

2. 스티커를 붙여 다음 문장을 완성해 보세요. CD2-33

생쥐, 룽룽이, 콩콩이, 아기돼지를 순서대로 만나면서 중국어 문장을 완성해야 보물상자 스티커를 획득할 수 있어요. 스티커를 모두 붙여 문장을 완성하면 성공!

날씨: 今天天气 + 很热。 Jīntiān tiānqì + hěnrè.
시간: 现在 + 三点 + 半。 Xiànzài + sān diǎn + bàn.
먹고 싶어: 我 + 想 + 吃 + 面包。 Wǒ + xiǎng + chī + miànbāo.
빠를까?: 飞机 + 比 + 火车 快。 fēijī + bǐ + huǒchē kuài.

122 5~8과

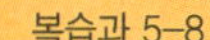

복습과 5-8

4 이야기를 읽고, 이야기 속에 숨어있는 발음을 말해 보세요.

복습과 5-8

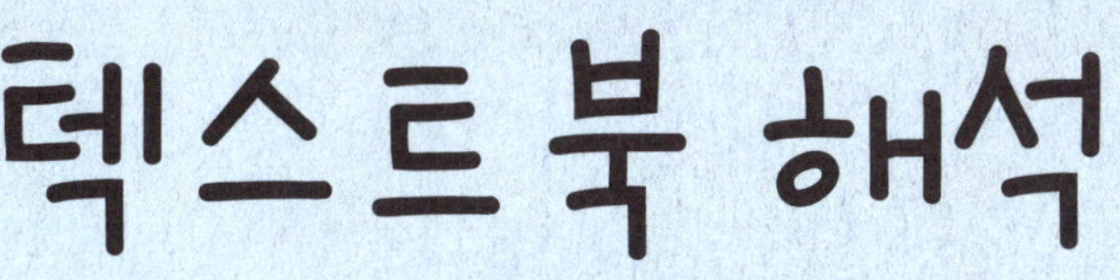

텍스트북 해석

1과 我去书店 나는 서점에 가

[본문] 20-22p

你去哪儿?
재민) 너는 어디에 가니?

我去超市。
미미) 나는 슈퍼마켓에 가.

你去哪儿?
마트 아저씨) 너는 어디에 가니?

我去文具店。
미미) 저는 문구점에 가요.

我去书店。你呢?
어린 새) 나는 서점에 가는데, 너는?

我也去书店。我们一起去吧。
미미) 나도 서점에 가. 우리 함께 가자.

[챈트] 23p

去 去, 你去哪儿?
가 가, 너는 어디에 가니?

去 去, 你去哪儿?
가 가, 너는 어디에 가니?

超市 超市, 我去超市。
슈퍼마켓 슈퍼마켓, 나는 슈퍼마켓에 가.

去 去, 你去哪儿?
가 가, 너는 어디에 가니?

文具店 文具店, 我去文具店。
문구점 문구점, 나는 문구점에 가.

去 去, 你去哪儿?
가 가, 너는 어디에 가니?

书店 书店, 我去书店。
서점 서점, 나는 서점에 가.

去 去, 我也去书店。
가 가, 나도 서점에 가.

去 去, 我也去书店。
가 가, 나도 서점에 가.

2과 电脑在那儿 컴퓨터는 저쪽에 있어

[본문] 32-34p

 你爸爸、妈妈在哪儿?

도둑) 너의 아빠, 엄마는 어디에 계시니?

 我爸爸、妈妈在客厅。

콩콩) 제 아빠, 엄마는 거실에 계세요.

 电脑在哪儿?

도둑) 컴퓨터는 어디에 있니?

 电脑在那儿。

콩콩) 컴퓨터는 저쪽에 있어요.

 宝石在哪儿?

도둑) 보석은 어디에 있니?

 宝石在这儿。

콩콩) 보석은 여기에 있어요.

[챈트] 35p

在哪儿?

어디에 있니?

哪儿? 哪儿? 电脑在哪儿?

어디? 어디? 컴퓨터는 어디에 있니?

那儿! 那儿! 电脑在那儿。

저기! 저기! 컴퓨터는 저기에 있어.

哪儿? 哪儿? 宝石在哪儿?

어디? 어디? 보석은 어디에 있니?

这儿! 这儿! 宝石在这儿。

여기! 여기! 보석은 여기에 있어.

哪儿? 哪儿? 恐恐在哪儿?

어디? 어디? 콩콩이는 어디에 있니?

房间! 房间! 恐恐在房间。

방! 방! 콩콩이는 방에 있어.

3과 你家有几口人? 너희 가족은 몇 식구니?

[본문] 44-46p

你有哥哥吗?

재민) 너는 형이 있니?

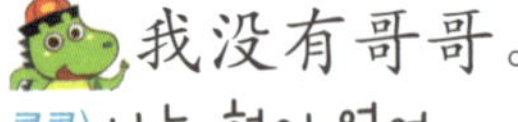

我没有哥哥。

콩콩) 나는 형이 없어.

你有弟弟吗?

롱롱) 너는 남동생이 있니?

我没有弟弟。

콩콩) 나는 남동생이 없어.

你家有几口人?

롱롱) 너희 가족은 몇 식구니?

我家有三口人。

콩콩) 우리집은 세 식구야.

妈妈, 我没有哥哥、姐姐、弟弟、妹妹。

콩콩) 엄마, 저는 형, 누나, 남동생, 여동생이 없어요.

恐恐, 给你。

콩콩의 아빠, 엄마) 콩콩아, 네게 줄게.

小狗真可爱。

콩콩) 강아지가 정말 귀여워요.

[챈트] 47p

有 有, 有几口人?

있니 있니, 몇 식구니?

有 有, 有哥哥吗?

있어 있어, 오빠(형) 있어?

没 没, 没有哥哥。

없어 없어, 오빠(형) 없어.

有 有, 有弟弟吗?

있어 있어, 남동생 있어?

没 没, 没有弟弟。

없어 없어, 남동생 없어.

有 有, 有几口人?

있어 있어, 몇 식구니?

有 有, 有四口人。

있어 있어, 네 식구야.

爸爸, 妈妈, 小狗和我。

아빠, 엄마, 강아지와 나야.

爸爸，妈妈，小狗和我。

아빠, 엄마, 강아지와 나야.

4과 你买什么? 너는 무엇을 사니?

[본문] 56–58p

你买什么?
왕비) 너는 무엇을 사니?

我买香蕉。
공주) 저는 바나나를 사요.

你卖葡萄吗?
공주) 포도 파나요?

我不卖葡萄。
왕비) 나는 포도를 팔지 않아.

你卖苹果吗?
공주) 사과 파나요?

我不卖苹果。请你买葡萄。
왕비) 나는 사과를 팔지 않는단다.
제발 포도를 사렴.

[챈트] 59p

买什么?
무엇을 사니?

买什么? 你买什么?
무엇을 사니? 너는 무엇을 사니?

买香蕉，我买香蕉。
바나나를 사, 나는 바나나를 사.

买什么? 你买什么?
무엇을 사니? 너는 무엇을 사니?

买葡萄，我买葡萄。
포도를 사, 나는 포도를 사.

买什么？你买什么？

무엇을 사니? 너는 무엇을 사니?

买苹果，我买苹果。

사과를 사, 나는 사과를 사.

복습과 1-4과

[복습과] 72p

我的朋友在哪里

내 친구는 어디에 있니?

一二三四五六七

하나 둘 셋 넷 다섯 여섯 일곱

我的[朋友]在哪里

나의 [친구]는 어디에

在这里在这里

여기에 여기에

我的[朋友]在这里

나의 [친구]는 여기에

5과 今天下雨 오늘은 비가 내려

[본문] 74-76p

今天天气怎么样?

재민) 오늘은 날씨가 어때?

今天天晴。

뿌뿌) 오늘은 맑아.

今天天气怎么样?

콩콩) 오늘은 날씨가 어때?

今天下雨。

뿌뿌, 재민) 오늘은 비가 내려.

今天天气怎么样?

콩콩) 오늘은 날씨가 어때?

今天天气很好。

재민) 오늘은 날씨가 좋아.

我们一起踢足球吧。

뿌뿌) 우리 함께 축구하자.

[챈트] 77p

天气怎么样?

날씨가 어때?

怎么样? 怎么样? 天气怎么样?

어때? 어때? 날씨가 어때?

晴 晴, 天气很晴。

맑아, 맑아, 날씨가 맑아.

怎么样? 怎么样? 天气怎么样?

어때? 어때? 날씨가 어때?

阴 阴, 天气很阴。

흐려, 흐려, 날씨가 흐려.

怎么样? 怎么样? 天气怎么样?

어때? 어때? 날씨가 어때?

下 下, 天气下雨。

내려, 내려, 비가 내려.

怎么样? 怎么样? 天气怎么样?

어때? 어때? 날씨가 어때?

下 下, 天气下雪。

내려, 내려, 눈이 내려.

6과 现在几点? 지금 몇 시야?

[본문] 86-88p

现在几点?

문지기) 지금 몇 시입니까?

现在六点。

콩콩) 지금 여섯 시에요.

现在几点?

미녀) 지금 몇 시에요?

现在七点半。

콩콩) 지금 일곱 시 반이에요.

快起床吧! 现在八点。

콩콩의 엄마) 빨리 일어나렴! 지금 여덟 시란다.

天啊!

콩콩) 어머나!

[챈트] 89p

现在几点?

지금 몇 시야?

几点? 几点? 现在几点?

몇 시? 몇 시? 지금 몇 시야?

六点, 六点, 现在六点。

여섯 시, 여섯 시, 지금 여섯 시.

几点? 几点? 现在几点?

몇 시? 몇 시? 지금 몇 시야?

八点, 八点, 现在八点。

여덟 시, 여덟 시, 지금 여덟 시.

几点? 几点? 现在几点?

몇 시? 몇 시? 지금 몇 시야?

半, 半, 现在七点半。

반, 반, 지금 일곱 시 반.

7과 火车比汽车快 기차가 자동차보다 빨라

[본문] 98–100p

快的是什么?

돼지) 뭐가 빨라?

火车比自行车快。

토끼) 기차가 자전거보다 빨라.

快的是什么?

말) 뭐가 빨라?

火车比汽车快。

토끼) 기차가 자동차보다 빨라.

火车比飞机快。
토끼) 기차가 비행기보다 빨라.

不是， 火车比飞机慢。飞机最快。
거북이) 아니야, 기차가 비행기보다 느려. 비행기가 가장 빨라.

[챈트] 101p

快快快！ 慢慢慢！
빨라 빨라 빨라! 느려 느려 느려!
快快快！ 火车比汽车快。
빨라 빨라 빨라! 기차가 자동차보다 빨라.
快快快！ 飞机比火车快。
빨라 빨라 빨라! 비행기가 기차보다 빨라.
慢慢慢！ 汽车比火车慢。
느려 느려 느려! 자동차가 기차보다 느려.
慢慢慢！ 火车比飞机慢。
느려 느려 느려! 기차는 비행기보다 느려.

8과 我想吃面包 나는 빵을 먹고 싶어

[본문] 110-112p

你想吃什么?
재민) 너는 뭐 먹고 싶니?

我想吃面包。
뿌뿌) 나는 빵을 먹고 싶어.

你们想喝什么?
주스 외계인) 너희는 무엇을 마시고 싶니?

我想喝果汁。
재민) 나는 주스를 마시고 싶어.

我想喝可乐。
뿌뿌) 나는 콜라를 마시고 싶어.

你们想吃冰淇淋吗?
괴물) 너희는 아이스크림을 먹고 싶니?

我们不想吃冰淇淋。
재민, 뿌뿌) 우리는 아이스크림을 먹고 싶지 않아.

[챈트]113p

想吃 想喝

먹고 싶어 마시고 싶어

想吃，想吃，你想吃什么?
먹고 싶어, 먹고 싶어, 너는 무엇을 먹고 싶니?

想吃，想吃，我想吃面包。
먹고 싶어, 먹고 싶어, 나는 빵을 먹고 싶어.

想吃，想吃，你想吃什么?
먹고 싶어, 먹고 싶어, 너는 무엇을 먹고 싶니?

想吃，想吃，我想吃冰淇淋。
먹고 싶어, 먹고 싶어, 나는 아이스크림을 먹고 싶어.

想喝，想喝，你想喝什么?
마시고 싶어, 마시고 싶어, 너는 무엇을 마시고 싶니?

想喝，想喝，我想喝果汁。
마시고 싶어, 마시고 싶어, 나는 주스를 마시고 싶어.

想喝，想喝，你想喝什么?
마시고 싶어, 마시고 싶어, 너는 무엇을 마시고 싶니?

想喝，想喝，我想喝可乐。
마시고 싶어, 마시고 싶어, 나는 콜라를 마시고 싶어.

복습과 5-8과

[노래]126p

下雨沙沙

비가 내려요 사락사락

下雨下雨 沙沙沙 沙沙沙
비가 내려요 비가 내려요 사락사락 사락사락

种子种子 在说话 在说话
씨앗 씨앗이 말을 해요 말을 해요

哎呀呀 哎呀呀 雨水真甜
아야야 아야야 빗물이 정말 달콤해요

哎哟哟 哎哟哟 我要发芽
아야야 아야야 싹이 트려고 해요

동양북스

어린이 중국어 붐붐 2

나만의 붐붐 단어장

이름: ____________________

1과

去

qù

"빈칸에 중국어 발음 또는 한글 뜻을 바르게 쓰고, 미완성인 그림은 예쁘게 색칠한 후, 세상에서 하나 밖에 없는 나만의 중국어 단어장을 만들어보세요."

1과

哪儿

어디(장소를 물어보는 의문사)

1과

超市

chāo

슈퍼마켓, 마트

1과

文具店

wénjù

문구점, 문방구

1과

书店

diàn

1과

面包店

diàn

빵집

1과

学校

xuéxiào

Goal

1과

医院

yuàn

병원

1과

电影院

diànyǐngyuàn

1과

银行

은행

1과

公园

gōngyuán

2과

客厅

kètīng

2과

房间

jiān

방

2과

电脑

nǎo

컴퓨터

2과

宝石

bǎoshí

1 2 3
4 5 6
7 8 9
* 0 #

SALE

SALE
?

2과

yǐzi

2과

zi

책상

2과

wáwa

2과

diànhuà

2과

침대

3과

yǒu

3과

没有

méi

없다

3과

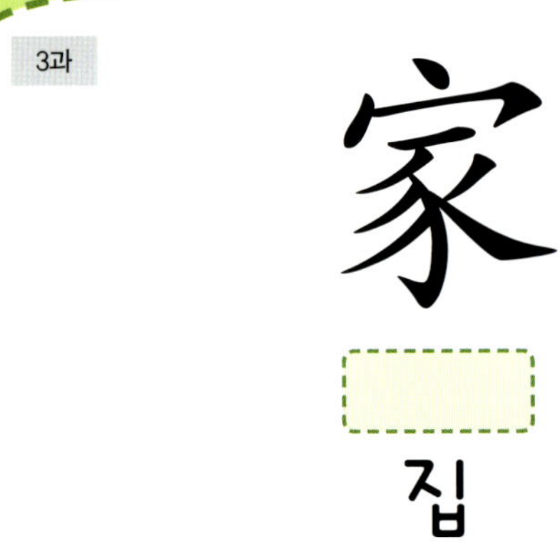

집

3과

给

gěi

3과

可爱

kě

귀엽다

4과

买

mǎi

4과

卖

팔다

4과

香蕉

jiāo

바나나

4과

葡萄

pútao

4과

苹果

guǒ

사과

4과

西瓜

xīguā

날씨가 어때?

4과
草莓
méi
딸기

4과
橘子
júzi

4과
菠萝
파인애플

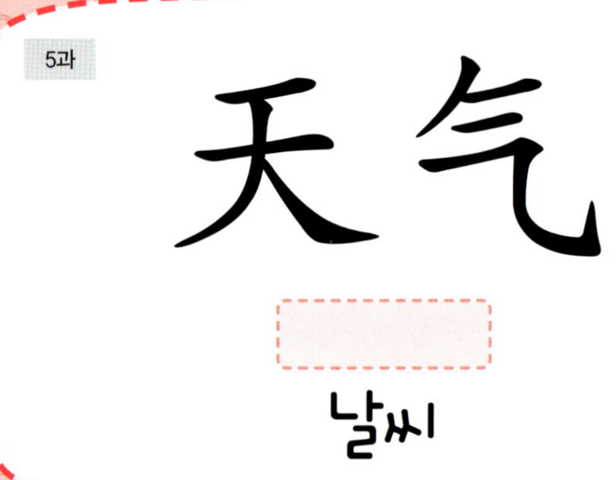
5과
天气
날씨

5과
怎么样
yàng
어때

5과
晴
qíng

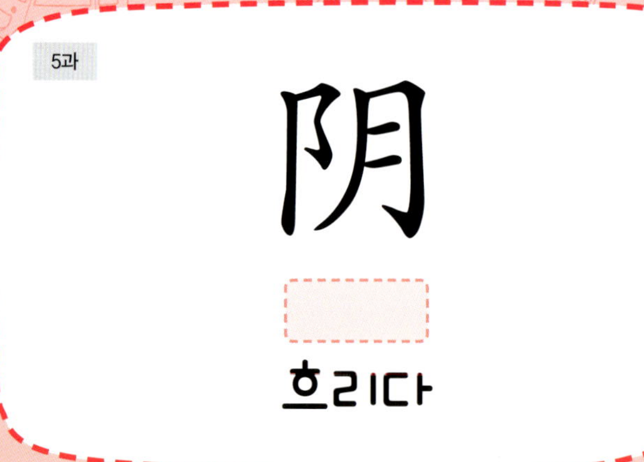
5과
阴
흐리다

5과
下雨
xià
비가 내리다

7:30

5과

下雪

xià

눈이 내리다

5과

刮风

guā

바람이 불다

5과

打雷

dǎ

천둥 번개 치다

6과

点

시, 시간

6과

分

fēn

6과

半

반, 30분

6과

快

빠르다

6과

慢

màn

콜라를
마시고 싶어.

7과

比

~보다

7과

火车

chē

기차

7과

自行车

chē

자전거

7과

汽车

qìchē

7과

飞机

jī

비행기

7과

船

chuán

7과

地铁

tiě

지하철

8과

想

~하고 싶다

8과

吃

chī

8과

喝

hē

8과

面包

miànbāo

8과

果汁

guǒzhī

8과

可乐

kě

콜라

8과

冰淇淋

qílín

아이스크림

8과

比萨

bǐsà

8과

蛋糕

dàngāo

텍스트북 스티커 부록

1과 23p

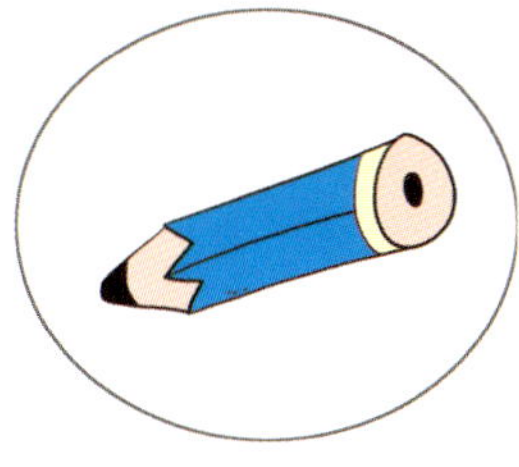

1과 29p

你去哪儿?
Nǐ qù nǎr?

我也去书店。
Wǒ yě qù shūdiàn.

我去书店,
你呢?

我去面包店。

2과 40p

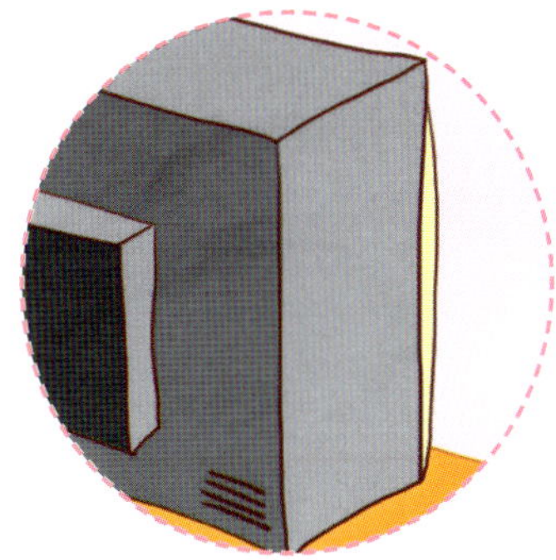

2과 41p

电视在哪儿?
Diànshì zài nǎr?

电脑在哪儿?

电视在房间。

3과 53p

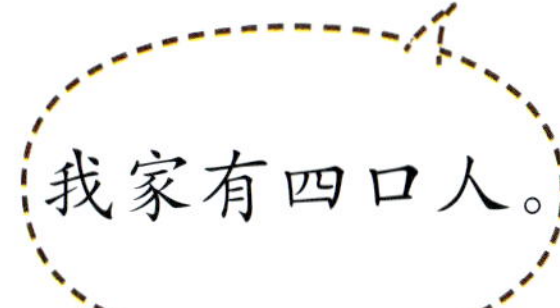

4과 64p

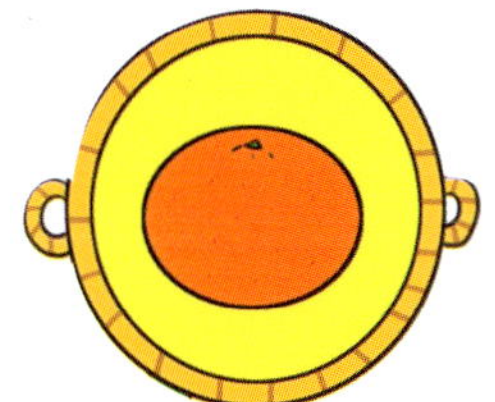
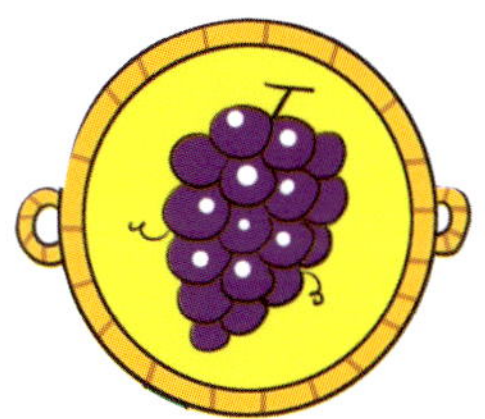

4과 65p

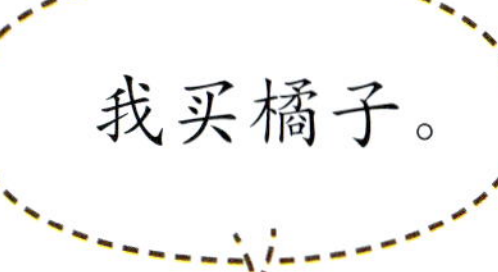

你买什么?
Nǐ mǎi shénme?

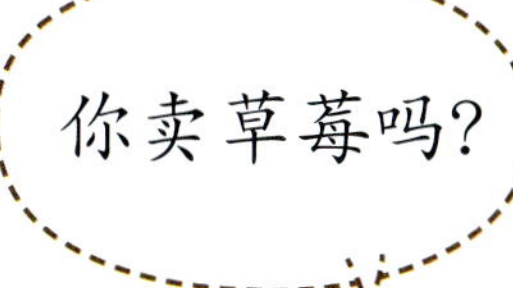

복습과 67p

복습과 68p

西瓜	六口人	电脑	医院
liù kǒu rén	yīyuàn	Diànnǎo	xīguā

5과 82p

5과 83p

今天天气很热。

今天天气怎么样?
Jīntiān tiānqì zěnmeyàng?

6과 94p

九点

八点

七点二十分

八点半

四点十五分

6과 95p

现在六点。
Xiànzài liù diǎn.

现在几点?
Xiànzài jǐ diǎn?

7과 106p

7과 107p

我比你矮。
Wǒ bǐ nǐ ǎi.

我比你高吗?

8과 118p

8과 119p

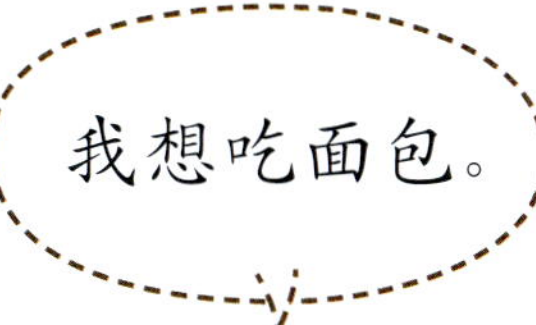

你想吃什么?
Nǐ xiǎng chī shénme?

我不想喝可乐。
Wǒ bùxiǎng hē kělè.

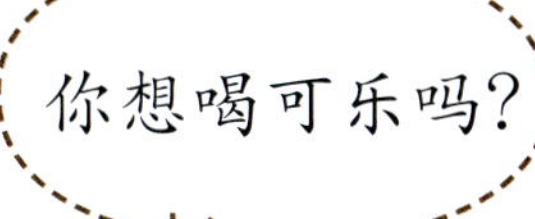

복습과2 121p

복습과2 122p

三 火车 很热 飞机 半 面包

bàn miànbāo huǒchē hěn rè sān fēijī

스토리텔링으로 가르치기 쉽고 배우기 쉬운 교재

어린이 중국어 붐붐 2

워크북

김윤희 지음 · 최윤선 감수

동양북스

김윤희 지음 · 최윤선 감수

동양북스

김윤희

전) 수암초, 효문중 방과후 학교 특기적성 중국어교사
좋은나라유치원, 아라유치원, 예일어린이집 등 어린이 중국어 전임강사
Brown Education Forum 어린이 중국어 교육팀장

현) 신양초 방과후 학교 특기적성/돌봄 중국어교실 전담 중국어교사
키즈클럽 WILLY CAMPUS 영어유치원 어린이 중국어 전임강사
유아교육 대표카페 〈유아중국어 동영상〉 운영강사
중국 전문 채널 〈하오 TV〉 중국어강사

저서

〈어린이 중국어 Kids Beijing 1~10권〉
〈맛있는 어린이 중국어 1~3권〉
〈이얼싼 Yes 중국어 GRADE 5〉
〈OPIC 중국어의 정석 IM 공략〉
〈중국어 무작정 따라하기〉

최윤선

숙명여자대학교 중문학과 졸업
북경사범대학 중문과 석사 졸업(문학석사)
북경사범대학 중문과 박사 졸업(문학박사)
안양과학대학 관광중국어과 교수
소프트진흥원 유아중국어 콘텐츠개발 자문위원

어린이 중국어 관련 주요 논문 및 저서

〈어린이 중국어 교육방법의 이론배경〉 논문 발표
〈어린이 중국어의 특징과 듣기 교육방법 연구〉 논문 발표
〈어린이 중국어 발음 및 성조 교육법〉 논문 발표
〈다락원 어린이 중국어 1~6권〉 교재 발간

자문위원

김은주

조선대학교 중국어과 졸업
대만국립고웅사범대학교 졸업(문학석사)
중국 광주 중산대학교 졸업(언어문자학박사)
제주한라대학교 관광중국어과 교수
제주도내 초중등학교 특성화 및 방과 후 중국어교육 컨설팅위원

주요 논문 및 저서

〈몸동작을 활용한 아동 중국어 성조교육〉
〈방과 후 아동 중국어 지도를 위한 성인학습 교수방법〉
〈儿童汉语教学法〉
〈다락원 관광중국어〉

김미숙 교수 롱차이나 대표
김민영 선생 부산외대 평생교육원 어린이 지도사 양성강사
김민희 선생 계성초등학교
김주리 선생 상명초등학교
노 경 선생 경기초등학교
손보라 선생 방과후 전문강사
이금영 선생 경기초등학교
황선주 선생 방과후 전문강사

(※가나다順)

머리말

어린이 중국어 학습에서 가장 중요한 것은 아이들의 중국어에 대한 동기유발과 흥미유지입니다. 아무리 좋은 교재와 교육을 제공한다 해도 흥미가 없으면 중국어 실력은 제자리 걸음이고 결국에는 중국어 배우기를 포기하게 되는 원인이 되기도 합니다. 그래서 어린이들에게 재미있는 중국어 학습 환경을 만들어주고 싶은 생각에 아이들의 눈높이에 맞춰 한 문장, 한 문장 고민하며 중국어를 눈으로 느끼고, 귀로 담아, 입으로 표현하는 오감만족 중국어 교재「어린이 중국어 붐붐」을 완성하였습니다.

「어린이 중국어 붐붐」의 특징

1. 동화책을 보는듯한 재미있는 스토리

교과서적인 딱딱한 내용에서 벗어나, 동화책 한 권을 읽는 느낌으로 첫 장부터 끝까지 재미있게 배웁니다. 아이들에게 가르치려는 중국어 표현을 생생한 이야기로 설득력 있게 전달하는 스토리텔링 학습 기법을 담았습니다.

2. 무한 반복을 통한 중국어 자동 암기

앞에서 배운 내용을 신나는 챈트를 따라 부르면서 반복하고, 재미있는 놀이학습과 모듬 활동으로 신나게 반복합니다. 연습문제 코너에서는 듣기, 읽기, 쓰기, 판단하기 등의 다양한 문제를 풀면서 다시 한번 반복합니다. 일부러 외우지 않아도 공부한 중국어 표현이 저절로 머릿속에 쏙쏙~ 기억됩니다.

3. 학생, 선생님, 부모님이 함께하는 학사부 일체 중국어

오감만족의 놀이활동을 통해 교사와 학생 또는 부모와 자녀가 함께 참여해 주어진 미션을 수행하면서 중국어 학습을 합니다. 서로 역할을 바꿔 가면서 중국어로 질문과 대답을 함으로써 상호간의 교류 학습을 통해 창의적인 사고력을 키우며 중국어의 실력도 쑥쑥~ 업그레이드 할 수 있습니다.

이 책이 의욕적으로 중국어를 배우고자 하는 모든 어린이들에게 중국어가 쉽고, 재미있는 언어로 느끼고, 세계를 향해 날아가는 중국어의 큰 날개를 달아 줄 수 있기를 바랍니다.

마지막으로, 본 교재가 나오기까지 열정으로 도전할 수 있도록 아낌없는 격려를 해 주신 동양북스 김태웅 사장님, 정연희 원장님, 책의 구성과 내용 편집에 애써 주신 중국어 편집부와 아이들이 좋아하는 예쁜 디자인을 해 주신 동양북스 디자인팀, 어린이 중국어 교육과 집필에 항상 큰 용기와 격려를 주시는 황영남 교수님, 저의 든든한 중국 친구인 赵丽华 선생님과 현장에서 도움을 주신 여러 선생님 진심으로 감사합니다. 그리고 저의 영원한 보물1호인 가족들에게 감사와 사랑의 마음을 전합니다.

김윤희

이 책의 특징

第一课

我去书店

Wǒ qù shūdiàn 나는 서점에 가

01 녹음을 잘 듣고 알맞은 성조에 ○표를 하세요.

bāi	bái	bǎi	bài
fān	fán	fǎn	fàn
māo	máo	mǎo	mào
pāng	páng	pǎng	pàng

02 녹음을 잘 듣고 알맞은 발음을 빈칸에 써서 완성해 보세요.

胖 p

猫 m

饭 f

白 b

8

듣기 연습

다음 들려주는 중국어를 잘 듣고 알맞은 정답을 골라보세요. 반복해서 듣다 보면 듣기의 달인이 될 수 있어요!

03 다음 단어에 알맞게 발음을 찾아 빈칸에 써 보세요.

医院

面包店

超市

04 점선을 이어서 중국어 문장을 완성한 후, 빈칸에 써 보세요.

나도 문구점에 가.

我 Wǒ	也 yě				店 diàn

9

다양한 문제

선 잇기, 빙고 문제 등 다양한 문제를 풀어 보세요. 문제가 정말 정말 쉬워요~

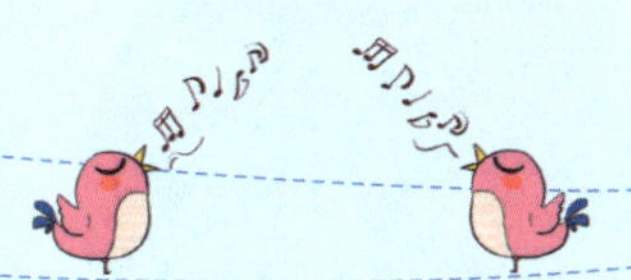

창의력 문제

미로 찾기, 스티커 붙이기, 색칠하기 등 다양한 놀이와 함께 문제를 풀다 보면 중국어 실력이 쑥쑥~ 올라가요~

중국어 쓰기

중국어의 발음과 한자를 또박또박 써 보세요.
특히 한자는 획순에 맞게 연습해 보세요!

차 례

단원	주제	핵심표현	발음	문화
1과	나는 서점에 가 我去书店	장소 표현 你去哪儿? / 我去书店。 我也去书店。/ 我们一起去吧。	ai, ao, an, ang	베이징의 유명지
2과	컴퓨터는 저쪽에 있어 电脑在那儿	방의 물건 표현 电脑在哪儿? 电脑在那儿。	ou, ong	외래어
3과	너희 가족은 몇 식구니? 你家有几口人?	가족 식구 수 표현 你有哥哥吗? / 我没有哥哥。 你家有几口人? / 我家有三口人。	ei, en, eng	종이공예 지엔즈
4과	너는 무엇을 사니? 你买什么?	물건을 사고 파는 표현 你买什么? / 我买香蕉。 你卖葡萄吗? / 我不卖葡萄。	ia, iao, ie, iu(iou)	새콤달콤 과일꼬치 탕후루
5과	오늘은 비가 내려 今天下雨	날씨 표현 今天天气怎么样? / 今天天晴。 今天天气怎么样? / 今天下雨。	ian, in, iang,ing, iong	중국의 황사
6과	지금 몇 시야? 现在几点?	몇 시인지 묻고 답하는 표현 现在几点? / 现在六点。 现在几点? / 我七点半。	ua, uo, uai, ui(uei)	세계 여러나라의 시간
7과	기차가 자동차보다 빨라 火车比汽车快	교통수단과 비교 표현 快的是什么? / 火车比自行车快。 火车比飞机慢。	uan,un(uen), uang, ueng	중국의 자전거
8과	나는 빵을 먹고 싶어 我想吃面包	음식과 음료에 대한 표현 你想吃什么? / 我想吃面包。 你想喝什么? / 我想喝可乐。	üe, ün, üan, er	중국의 4대 요리

我去书店

Wǒ qù shūdiàn 나는 서점에 가

녹음을 잘 듣고 알맞은 성조에 ○표를 하세요.

bāi	bái	bǎi	bài
fān	fán	fǎn	fàn
māo	máo	mǎo	mào
pāng	páng	pǎng	pàng

02 녹음을 잘 듣고 알맞은 발음을 빈칸에 써서 완성해 보세요.

03 다음 단어에 알맞게 발음을 찾아 빈칸에 써 보세요.

医院

面包店

超市

04 점선을 이어서 중국어 문장을 완성한 후, 빈칸에 써 보세요.

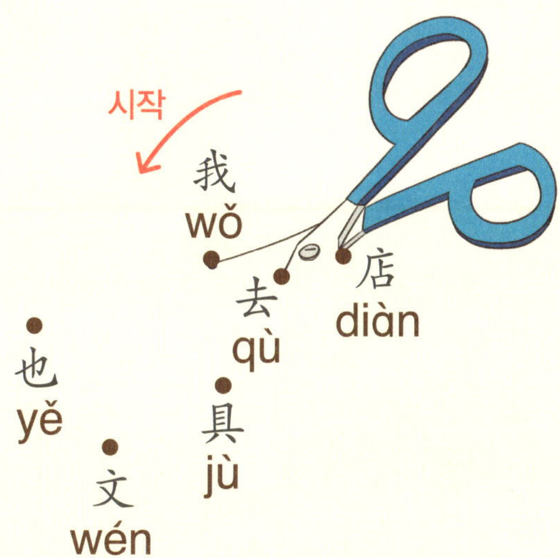

나도 문구점에 가.

我 Wǒ	也 yě				店 diàn

。

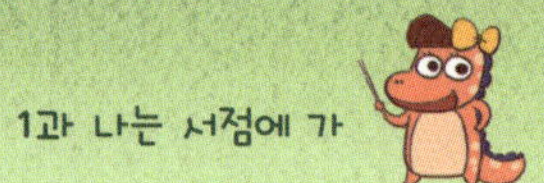

05 약도의 길을 따라가며 알맞은 장소 스티커를 붙인 후, 중국어로 말해보세요.

你去哪儿?
Nǐ qù nǎr?

06 한자와 병음을 예쁘게 쓰고, 큰 소리로 읽어 보세요.

学校 xuéxiào 학교	学 校 xuéxiào	
书店 shūdiàn 서점	书 店 shūdiàn	
超市 chāoshì 슈퍼마켓	超 市 chāoshì	

电脑在那儿

Diànnǎo zài nàr 컴퓨터는 저쪽에 있어

녹음을 잘 듣고 빈칸에 알맞은 발음을 써 보세요.

dōu	dóu	dǒu	
nōng		nǒng	nòng
lōu		lǒu	lòu
tōng	tóng	tǒng	

02 녹음을 잘 듣고 알맞은 발음을 빈칸에 써서 완성해 보세요.

03 다음 단어에 알맞은 한자와 발음을 찾아 빈칸에 써 보세요.

04 다음을 한자와 발음을 바르게 연결한 후, 빈칸을 채워 문장을 완성해 보세요.

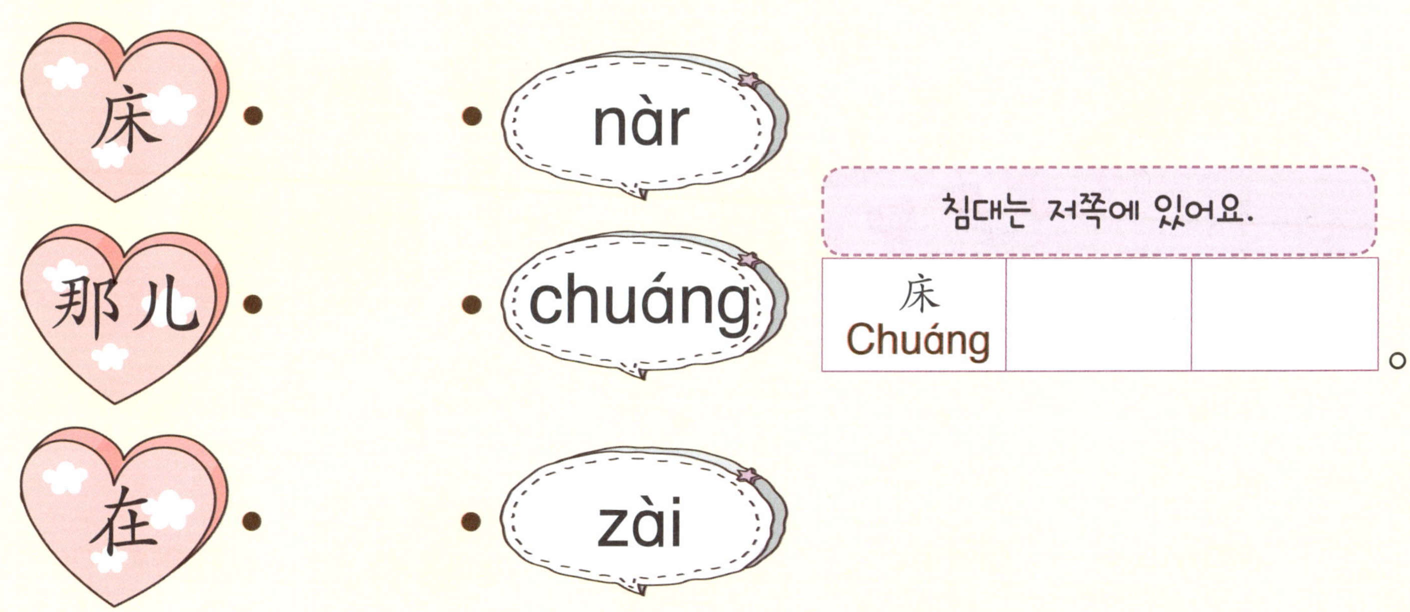

05 그림에 숨어있는 사물 5개(인형, 전화기, 책상, 의자, 컴퓨터)를 찾아 ○표를 한 후, 알맞은 단어에 선을 연결해 보세요.

娃娃	电话	桌子	椅子	电脑
wáwa	diànhuà	zhuōzi	yǐzi	diànnǎo

06 병음과 한자를 예쁘게 쓰고 큰 소리로 읽어 보세요.

这儿 zhèr 여기, 이곳	这	儿				
	zhèr					
娃娃 wáwa 인형	娃	娃				
	wáwa					
桌子 zhuōzi 책상	桌	子				
	zhuōzi					

你家有几口人？

第三课

Nǐ jiā yǒu jǐ kǒu rén? 너희 가족은 몇 식구니?

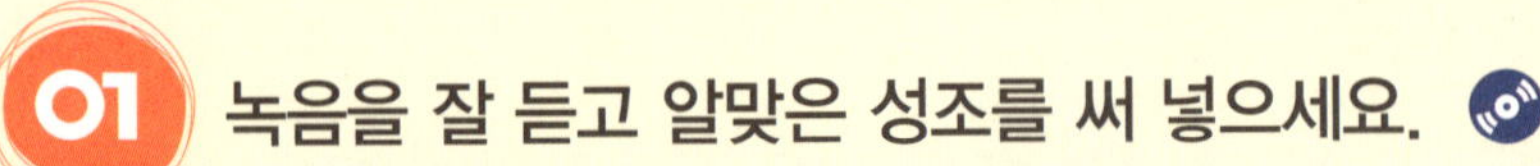

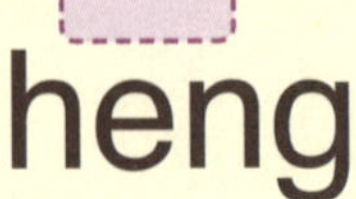

02 녹음을 잘 듣고 알맞은 발음을 보기 에서 찾아 써 보세요.

보기	gēn	hēi	gěi	hēng

1 

2 

3 

4 

04 우리 가족을 예쁘게 그리고, 몇 식구 인지 중국어로 말해 보세요.

다음 가족 구성원이 있으면 有yǒu , 없으면 没有méiyǒu에 ○표를 하고 중국어로 말해 보세요.

我(有 / 没有)爷爷。
Wǒ (yǒu / méiyǒu) yéye.

我(有 / 没有)奶奶。
Wǒ (yǒu / méiyǒu) nǎinai.

我(有 / 没有)爸爸。
Wǒ (yǒu / méiyǒu) bàba.

我(有 / 没有)妈妈。
Wǒ (yǒu / méiyǒu) māma.

我(有 / 没有)哥哥。
Wǒ (yǒu / méiyǒu) gēge.

我(有 / 没有)姐姐。
Wǒ (yǒu / méiyǒu) jiějie.

我(有 / 没有)弟弟。
Wǒ (yǒu / méiyǒu) dìdi.

我(有 / 没有)妹妹。
Wǒ (yǒu / méiyǒu) mèimei.

03 사다리를 타고 형제자매가 있는지 없는지를 확인한 후, 넝쿨을 따라 알맞은 스티커를

有 没有 有 没有

05 병음과 한자를 예쁘게 쓰고 큰 소리로 읽어 보세요.

几 jǐ 몇	几 jǐ
没有 méiyǒu 없다	没有 méiyǒu
家 jiā 집	家 jiā

第四课

你买什么？

Nǐ mǎi shénme? 너는 무엇을 사니?

01 녹음을 잘 듣고 알맞은 성조를 써 넣으세요.

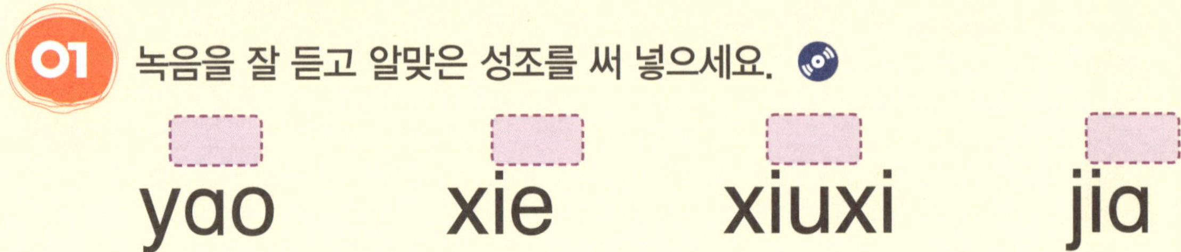

02 녹음을 잘 듣고 그림에 알맞은 병음을 보기 에서 찾아 써 보세요.

보기 jiā yào xié xiūxi

03 다음 빈칸에 한자와 병음을 보기 에서 찾아 써 보고, 중국어로 말해 보세요.

보기 苹果 草莓 西瓜 bōluó júzi pútao

你买什么?
Nǐ mǎi shénme?

我买______。
Wǒ mǎi______.

한자	병음
	xīguā
	píngguǒ
	cǎoméi
橘子	
葡萄	
菠萝	

买 mǎi 사다

다음 한자와 병음을 바르게 연결한 후, 무슨 과일인지 예쁘게 그려 보세요.

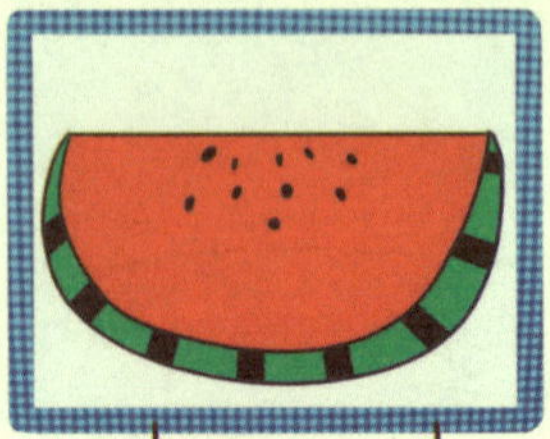

그림		병음	
西瓜	•	• xīguā	=
苹果	•	• bōluó	=
橘子	•	• júzi	=
菠萝	•	• píngguǒ	=

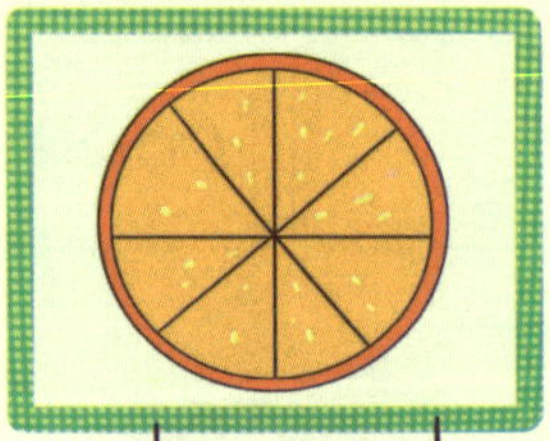

05 한자와 병음을 예쁘게 쓰고, 큰 소리로 읽어 보세요.

买 mǎi 사다	买 mǎi					
西瓜 xīguā 수박	西瓜 xīguā					
苹果 píngguǒ 사과	苹果 píngguǒ					

今天下雨

Jīntiān xiàyǔ 오늘은 비가 내려

01 녹음을 잘 듣고 빈칸에 들어갈 병음을 찾아 연결한 후, 써 보세요.

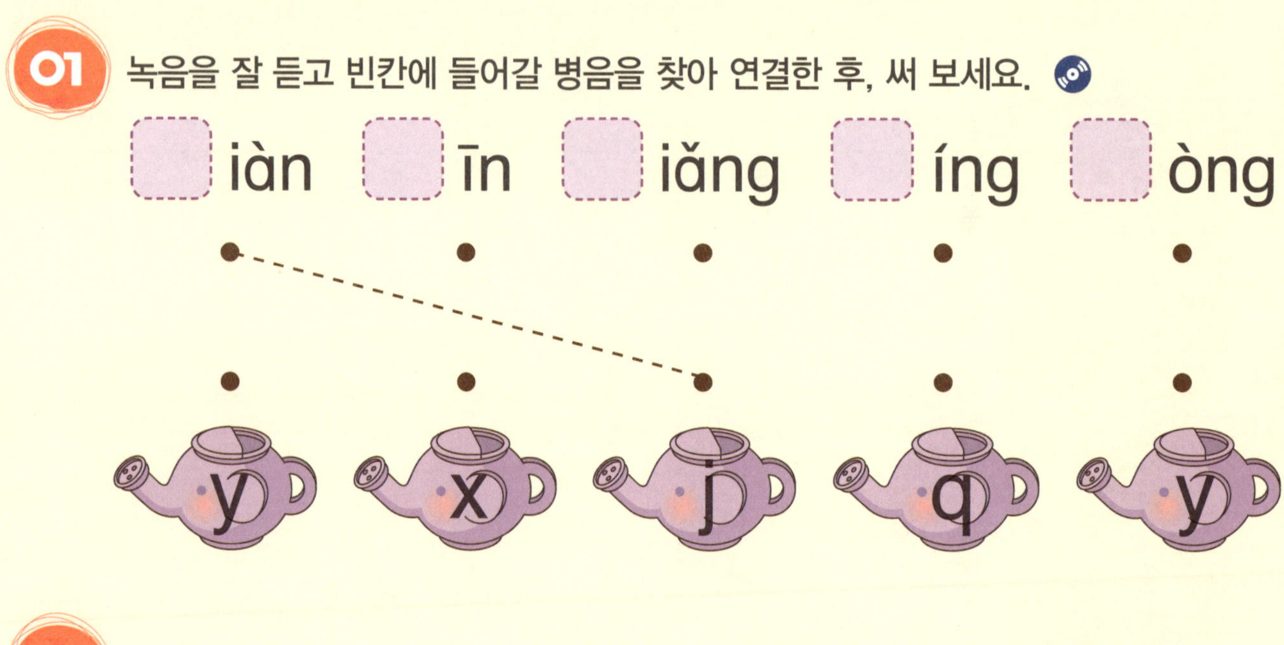

02 녹음을 잘 듣고 그림에 맞는 병음을 찾아 ○표를 한 후, 직접 써 보세요.

1	晴	qīng	qíng	qǐng	qìng
2	见	jiān	jián	jiǎn	jiàn
3	阴	yīn	yín	yǐn	yìn
4	想	xiāng	xiáng	xiǎng	xiàng
5	用	yōng	yóng	yǒng	yòng

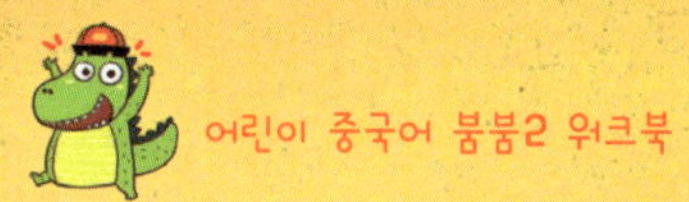

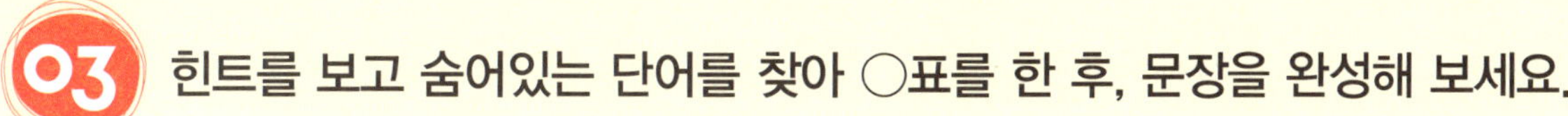

03 힌트를 보고 숨어있는 단어를 찾아 ◯표를 한 후, 문장을 완성해 보세요.

힌트 (1) xiàxuě (2) zěnmeyàng (3) guāfēng (4) qíng (5) jīntiān (6) xiàyǔ (7) tiānqì

怎	么	样	今
刮	下	雨	天
风	雪	好	天
很	晴	下	气

1 오늘은 날씨가 어때?

今	天	天	气			
Jīn	tiān	tiān	qì	zěn	me	yàng

?

2 오늘은 날씨가 맑아.

今	天			
Jīn	tiān	tiān	qì	qíng

。

3 오늘은 비가 내려.

今	天		
Jīn	tiān	xià	yǔ

。

4 오늘은 바람이 불어.

今	天		
Jīn	tiān	guā	fēng

。

5 오늘은 눈이 내려.

今	天		
Jīn	tiān	xià	xuě

。

04 원숭이가 친구집으로 놀러 가기로 했어요. 가는 길에 어떤 날씨를 만나게 되는지 스티커를 붙이고 중국어로 말해 보세요.

06 병음과 한자를 예쁘게 쓰고 큰 소리로 읽어 보세요.

天气 tiānqì 날씨	天 气 tiānqì		
下雨 xiàyǔ 비가 내리다	下 雨 xiàyǔ		
刮风 guāfēng 바람 불다	刮 风 guāfēng		

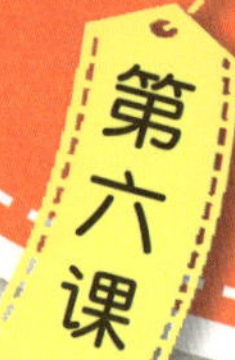

现在几点?

Xiànzài jǐ diǎn? 지금 몇 시야?

01 녹음을 잘 듣고 빈칸에 들어갈 병음을 찾아 연결한 후, 써 보세요.

 á
 uǒ
 ài
 uì

02 녹음을 잘 듣고 알맞은 병음에 ○표를 한 후, 써 보세요.

1

锁

suō	suó
suǒ	suò

2

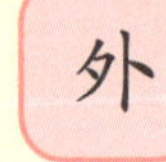

wāi	wái
wǎi	wài

3

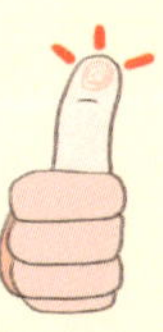

最

zuī	zuí
zuǐ	zuì

4

wā	wá
wǎ	wà

03 다음 단어에 알맞게 발음을 찾아 빈칸에 써 보세요.

点

分

半

04 힌트를 보고 숨어있는 단어를 찾아 ○표를 하세요.

힌트 (1) xiànzài (2) jǐ fēn (3) jǐ diǎn
(4) sān fēn (5) liǎng diǎn

九	现	四	三
一	在	半	分
六	几	分	半
两	点	一	几

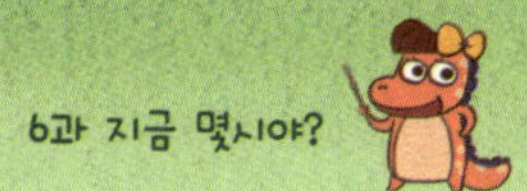

다음 시간과 한자를 바르게 연결한 후, 시계를 예쁘게 그려 보세요.

시간		한자		시계
8:30	•	• 八点半	=	
2:00	•	• 六点十五分	=	
6:15	•	• 两点	=	
9:10	•	• 九点十分	=	

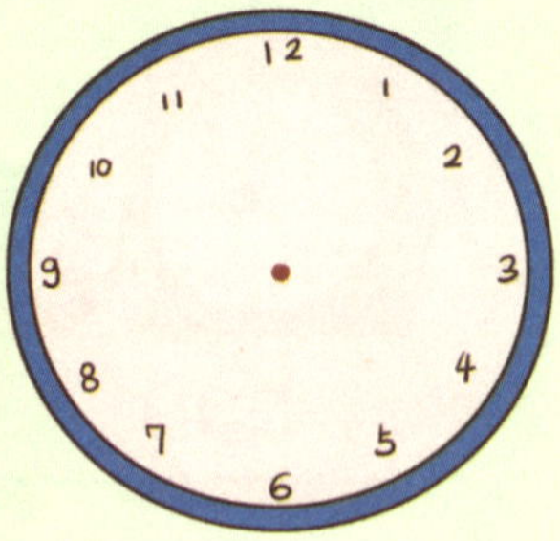

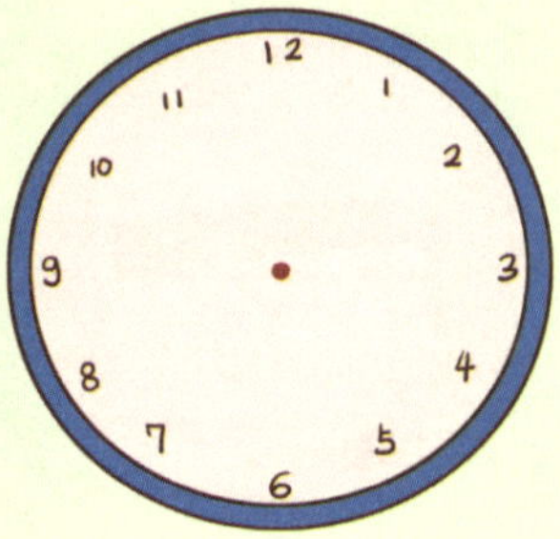

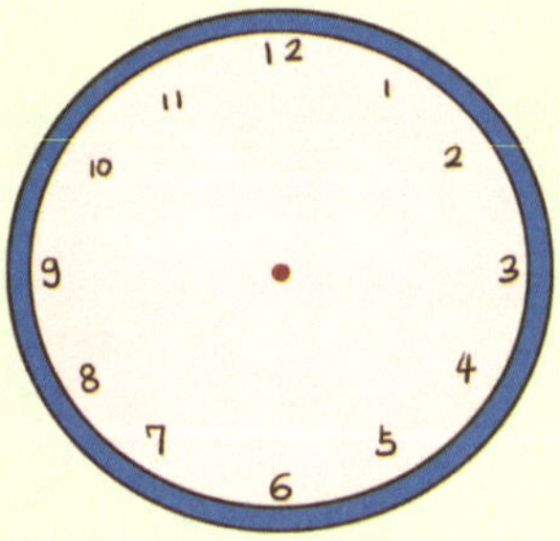

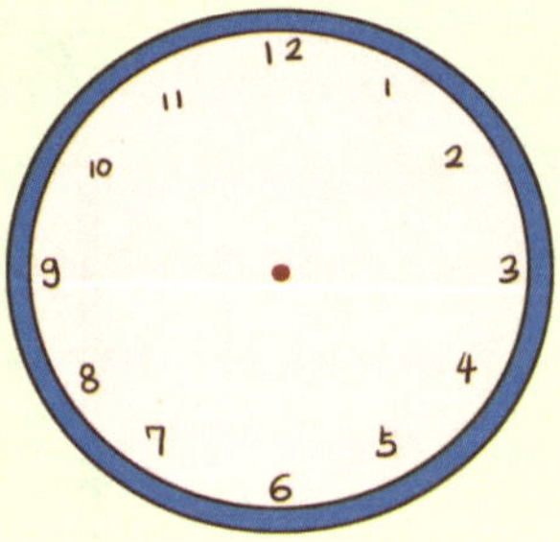

병음과 한자를 예쁘게 쓰고 큰 소리로 읽어 보세요.

现在 xiànzài 지금, 현재	现	在				
	xiànzài					
两 liǎng 2, 둘	两					
	liǎng					
半 bàn 반, 30분	半					
	bàn					

火车比汽车快

huǒchē bǐ qìchē kuài 기차가 자동차보다 빨라

01 다음 발음을 잘 듣고 알맞은 성조에 ○표를 하세요.

zhuān	zhuán	zhuǎn	zhuàn
chūn	chún	chǔn	chùn
wāng	wáng	wǎng	wàng
wēng	wéng	wěng	wèng

02 녹음을 잘 듣고 그림에 알맞은 병음을 보기 에서 찾아 써 보세요.

보기 uàn áng ēng ūn

王	春天	赚钱	嗡
w ___	ch ___ tiān	zh ___ qián	w ___

03 다음 단어에 알맞은 한자와 발음을 찾아 빈칸에 써 보세요.

火车

汽车

自行车

zìxíngchē

qìchē

huǒchē

04 다음을 한자와 발음을 바르게 연결한 후, 빈칸을 채워 문장을 완성해 보세요.

我 高 比 你

gāo wǒ nǐ bǐ

나는 너 보다 키가 크다.

我 Wǒ		你 nǐ	

。

 다음 그림을 보고 알맞은 한자 스티커를 붙인 후, 중국어로 말해 보세요.

1

我比你[ ]。
Wǒ bǐ nǐ gāo.

2

飞机比汽车[ ]。
Fēijī bǐ qìchē kuài.

3

我比你[ ]。
Wǒ bǐ nǐ dà.

4

自行车比火车[ ]。
Zìxíngchē bǐ huǒchē màn.

5

我比你[ ]。
Wǒ bǐ nǐ ǎi.

6

我比你[ ]。
Wǒ bǐ nǐ xiǎo.

한자와 병음을 예쁘게 쓰고, 큰 소리로 읽어 보세요.

比 bǐ ~보다	比 bǐ					
飞机 fēijī 비행기	飞机 fēijī					
火车 huǒchē 기차	火车 huǒchē					

我想吃面包

Wǒ xiǎng chī miànbāo 나는 빵을 먹고 싶어

01 다음 발음을 잘 듣고 알맞은 성조에 ○표를 하세요.

1성	xuē	xué	xuě	xuè
2성	yūn	yún	yǔn	yùn
3성	juān	juán	juǎn	juàn
4성	ēr	ér	ěr	èr

02 녹음을 잘 듣고 그림에 알맞은 병음을 보기 에서 찾아 써 보세요.

보기 uǎn ué ěr ún

卷	耳朵	学习	云
j ____	____ duo	x ____ xí	y ____

03 다음 그림에서 먹는 음식에는 吃chī 를, 마시는 음료에는 喝hē 스티커를 붙인 후, 중국어로 말해 보세요.

比萨
bǐsà

牛奶
niúnǎi

蛋糕
dàngāo

水
shuǐ

汉堡包
hànbǎobāo

果汁
guǒzhī

面包
miànbāo

茶
chá

可乐
kělè

04 다음 그림을 보고, 먹는 것은 ○표를, 마시는 것은 △표를 한 후, 중국어로 말해 보세요.

06 다음 단어를 쓰면서, 큰 소리로 읽어 보세요.

吃 chī 먹다	吃 chī					
喝 hē 마시다	喝 hē					
面包 miànbāo 빵	面包 miànbāo					

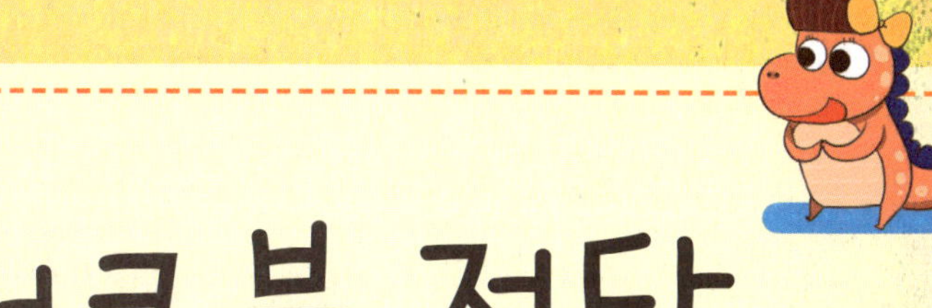

워크북 정답

1과 08p

第一课

我去书店

Wǒ qù shūdiàn 나는 서점에 가

CD-02

01 녹음을 잘 듣고 알맞은 성조에 ○표를 하세요.

bāi	**(bái)**	bǎi	bài
fān	fán	fǎn	**(fàn)**
(māo)	máo	mǎo	mào
pāng	páng	pǎng	**(pàng)**

02 녹음을 잘 듣고 알맞은 발음을 빈칸에 써서 완성해 보세요.

胖 pàng

猫 māo

饭 fàn

白 bái

8

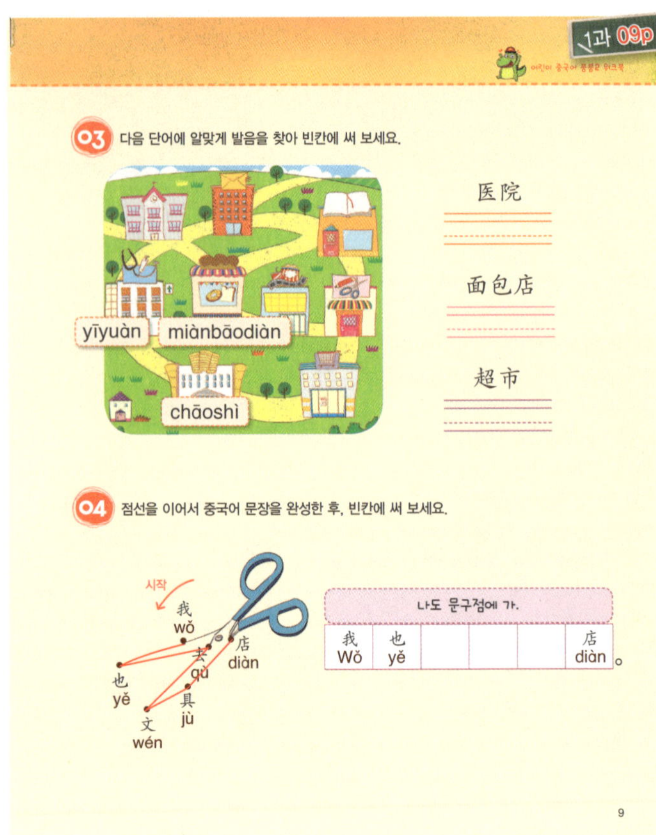

1과 09p

03 다음 단어에 알맞게 발음을 찾아 빈칸에 써 보세요.

医院

面包店

超市

04 점선을 이어서 중국어 문장을 완성한 후, 빈칸에 써 보세요.

나도 문구점에 가.

我 Wǒ	也 yě				店 diàn

。

9

1과 10p

1과 나는 서점에 가

05 약도의 길을 따라가며 알맞은 장소 스티커를 붙인 후, 중국어로 말해보세요.

2과 12p
第二课
电脑在那儿
Diànnǎo zài nàr 컴퓨터는 저쪽에 있어
CD-03
01 녹음을 잘 듣고 빈칸에 알맞은 발음을 써 보세요.
dōu dóu dǒu dòu
nōng nóng nǒng nòng
lōu lóu lǒu lòu
tōng tóng tǒng tòng
02 녹음을 잘 듣고 알맞은 발음을 빈칸에 써서 완성해 보세요.
1 豆 dòu
2 痛 tòng
3 农村 nóng cūn
4 楼 lóu
12

2과 13p
03 다음 단어에 알맞은 한자와 발음을 찾아 빈칸에 써 보세요.
椅子
diànshì
电脑
电话
zhuōzi
bǎoshí
diànnǎo
桌子
diànhuà
yǐzi
宝石
电视
04 다음을 한자와 발음을 바르게 연결한 후, 빈칸을 채워 문장을 완성해 보세요.
床
那儿
在
nàr
chuáng
zài
침대는 저쪽에 있어요.
床 Chuáng
13

2과 14p
2과 컴퓨터는 저쪽에 있어
05 그림에 숨어있는 사물 5개(인형, 전화기, 책상, 의자, 컴퓨터)를 찾아 ○표를 한 후, 알맞은 단어에 선을 연결해 보세요.
娃娃 wáwa
电话 diànhuà
桌子 zhuōzi
椅子 yǐzi
电脑 diànnǎo
14

3과 16p
你家有几口人?
第三课
Nǐ jiā yǒu jǐkǒu rén? 너희 가족은 몇 식구니?
01 녹음을 잘 듣고 알맞은 성조를 써 넣으세요.
heng gei hei gen
02 녹음을 잘 듣고 알맞은 발음을 보기 에서 찾아 써 보세요.
보기 gēn hēi gěi hēng
黑 hēi
哼 hēng
跟 gēn
给 gěi
16

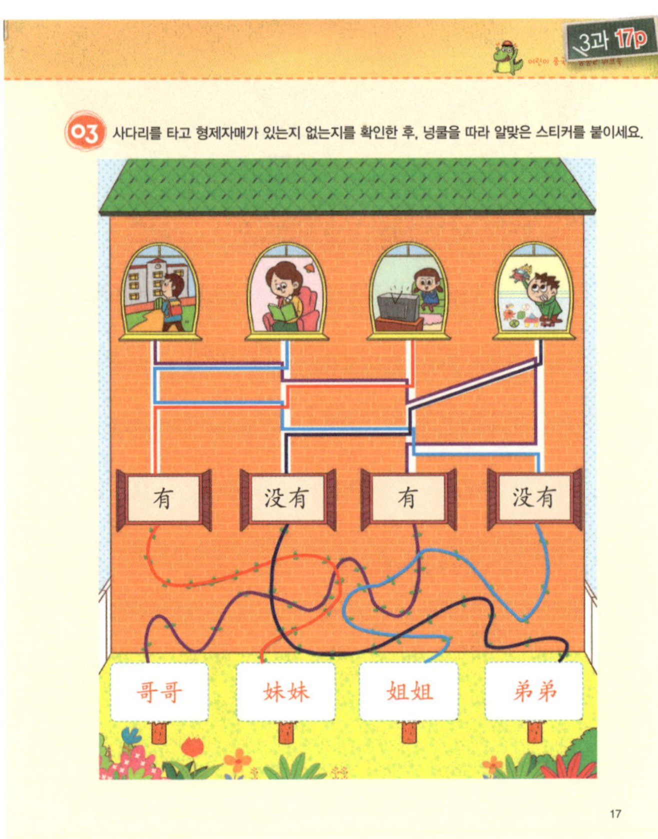
3과 17p
03 사다리를 타고 형제자매가 있는지 없는지를 확인한 후, 넝쿨을 따라 알맞은 스티커를 붙이세요.
有
没有
有
没有
哥哥
妹妹
姐姐
弟弟
17

3과 18p
04 우리 가족을 예쁘게 그리고, 몇 식구 인지 중국어로 말해보세요.
你家有几口人?
Nǐ jiā yǒu jǐ kǒu rén
我家有______口人。
Wǒjiā yǒu______kǒu rén.
다음 가족 구성원이 있으면 有yǒu , 없으면 没有méiyǒu에 ○표를 하고 중국어로 말해보세요.
예
我(有 / 没有)爷爷。 Wǒ (yǒu / méiyǒu) yéye.
我(有 / 没有)奶奶。 Wǒ (yǒu / méiyǒu) nǎinai.
我(有 / 没有)爸爸。 Wǒ (yǒu / méiyǒu) bàba.
我(有 / 没有)妈妈。 Wǒ (yǒu / méiyǒu) māma.
我(有 / 没有)哥哥。 Wǒ (yǒu / méiyǒu) gēge.
我(有 / 没有)姐姐。 Wǒ (yǒu / méiyǒu) jiějie.
我(有 / 没有)弟弟。 Wǒ (yǒu / méiyǒu) dìdi.
我(有 / 没有)妹妹。 Wǒ (yǒu / méiyǒu) mèimei.
18

4과 20p
第四课
你买什么?
Nǐ mǎi shénme? 너는 무엇을 사니?
CD-05
01 녹음을 잘 듣고 알맞은 성조를 써 넣으세요.
yao xie xiuxi jia
02 녹음을 잘 듣고 그림에 알맞은 병음을 보기 에서 찾아 써 보세요.
보기 jiā yào xié xiūxi
鞋
xié
药
yào
家
jiā
休息
xiūxi
20

4과 21p
03 다음 빈칸에 한자와 병음을 보기 에서 찾아 써 보고, 중국어로 말해 보세요.
보기 苹果 草莓 西瓜 bōluó júzi pútao
你买什么?
Nǐ mǎi shénme?
我买＿＿＿。
Wǒ mǎi＿＿＿.
西瓜 xīguā
苹果 píngguǒ
草莓 cǎoméi
买 mǎi 사다
橘子 júzi
葡萄 pútao
菠萝 bōluó
21

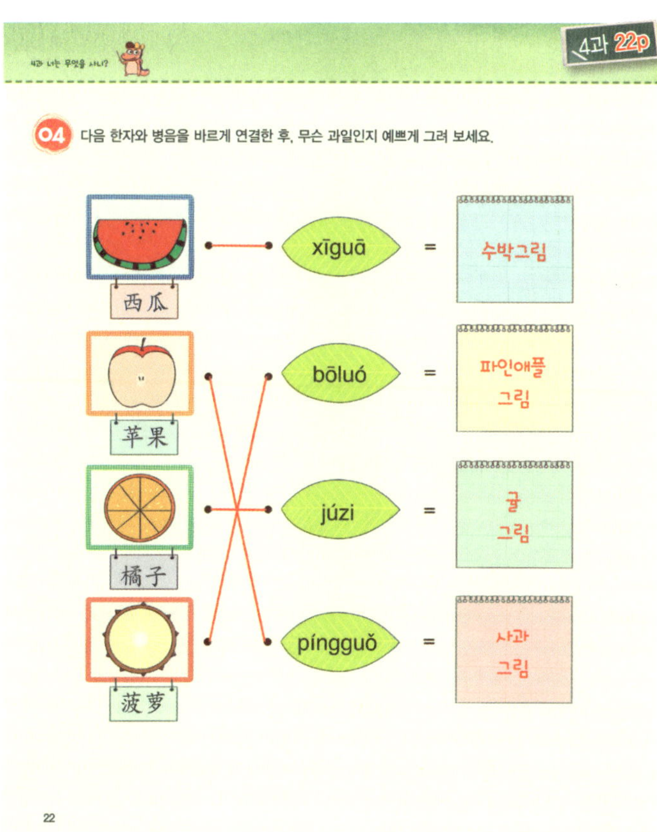
4과 22p
04 다음 한자와 병음을 바르게 연결한 후, 무슨 과일인지 예쁘게 그려 보세요.
西瓜
苹果
橘子
菠萝
xīguā
bōluó
júzi
píngguǒ
수박그림
파인애플 그림
귤 그림
사과 그림
22

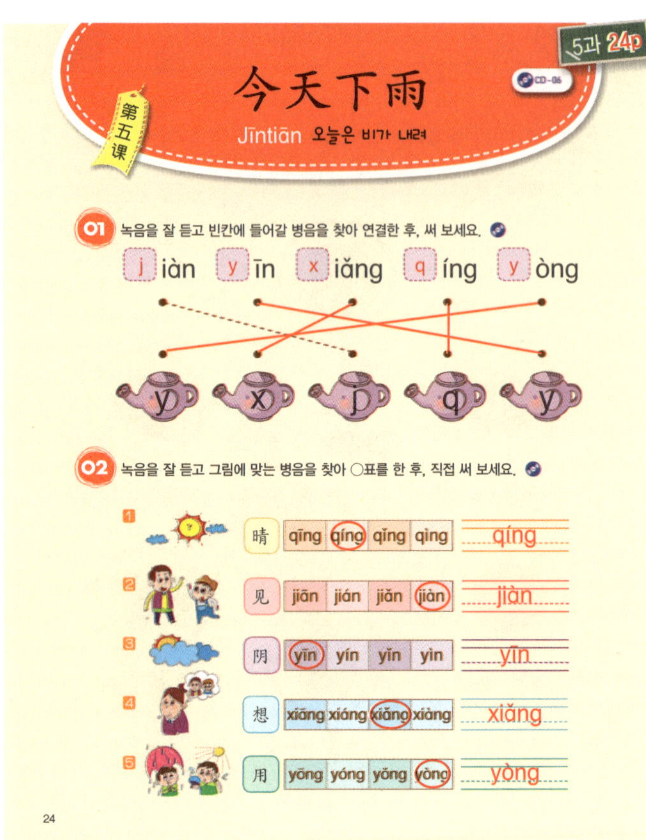

5과 24p

第五课

今天下雨

Jīntiān 오늘은 비가 내려

CD-06

01 녹음을 잘 듣고 빈칸에 들어갈 병음을 찾아 연결한 후, 써 보세요.

j iàn y īn x iǎng q íng y òng

y x j q y

02 녹음을 잘 듣고 그림에 맞는 병음을 찾아 ○표를 한 후, 직접 써 보세요.

1	晴	qīng	(qíng)	qǐng	qìng	qíng
2	见	jiān	jián	jiǎn	(jiàn)	jiàn
3	阴	(yīn)	yín	yǐn	yìn	yīn
4	想	xiāng	xiáng	(xiǎng)	xiàng	xiǎng
5	用	yōng	yóng	yǒng	(yòng)	yòng

24

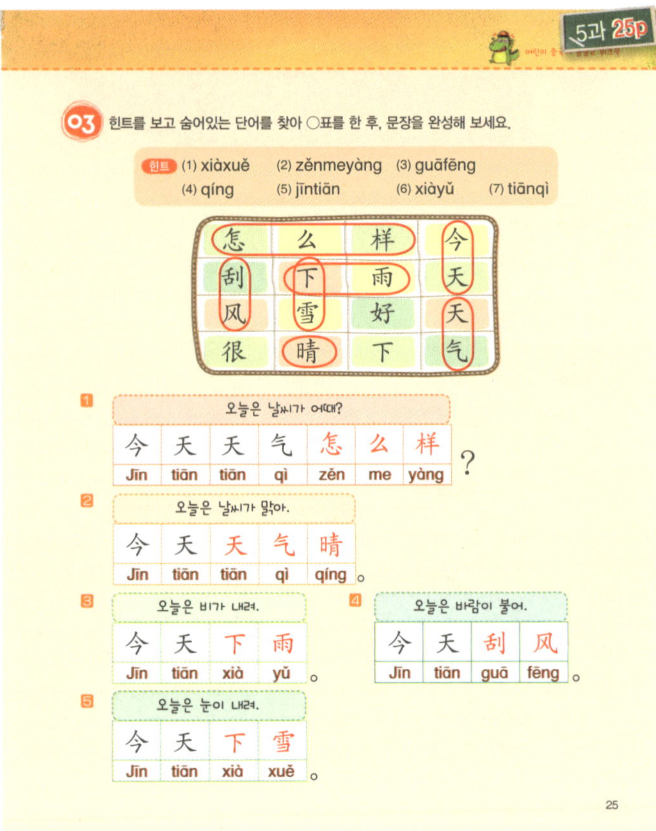

5과 25p

03 힌트를 보고 숨어있는 단어를 찾아 ○표를 한 후, 문장을 완성해 보세요.

힌트 (1) xiàxuě (2) zěnmeyàng (3) guāfēng (4) qíng (5) jīntiān (6) xiàyǔ (7) tiānqì

怎	么	样	今
刮	下	雨	天
风	雪	好	天
很	晴	下	气

1 오늘은 날씨가 어때?

今	天	天	气	怎	么	样
Jīn	tiān	tiān	qì	zěn	me	yàng

?

2 오늘은 날씨가 맑아.

今	天	天	气	晴
Jīn	tiān	tiān	qì	qíng

。

3 오늘은 비가 내려.

今	天	下	雨
Jīn	tiān	xià	yǔ

。

4 오늘은 바람이 불어.

今	天	刮	风
Jīn	tiān	guā	fēng

。

5 오늘은 눈이 내려.

今	天	下	雪
Jīn	tiān	xià	xuě

。

25

5과 26p

04 원숭이가 친구집으로 놀러 가기로 했어요. 가는 길에 어떤 날씨를 만나게 되는지 스티커를 붙이고 중국어로 말해 보세요.

26

6과 28p
现在几点?
Xiànzài jǐ diǎn? 지금 몇 시야?
第六课
01 녹음을 잘 듣고 빈칸에 들어갈 병음을 찾아 연결한 후, 써 보세요.
w á
s uǒ
w ài
z uì
Z
W
S
W
02 녹음을 잘 듣고 알맞은 병음에 ○표를 한 후, 써 보세요.
suō suó suǒ suò
锁
suǒ
wāi wái wǎi wài
外
wài
zuī zuí zuǐ zuì
最
zuì
wā wá wǎ wà
娃
wá
28

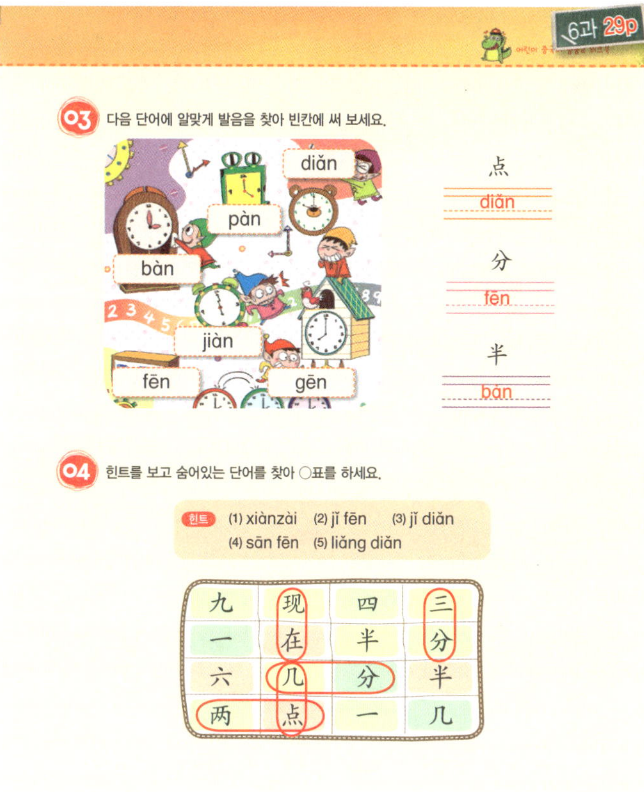
6과 29p
03 다음 단어에 알맞게 발음을 찾아 빈칸에 써 보세요.
diǎn
pàn
bàn
jiàn
fēn
gēn
点
diǎn
分
fēn
半
bàn
04 힌트를 보고 숨어있는 단어를 찾아 ○표를 하세요.
힌트 (1) xiànzài (2) jǐ fēn (3) jǐ diǎn (4) sān fēn (5) liǎng diǎn
九 现 四 三
一 在 半 分
六 几 分 半
两 点 一 几
29

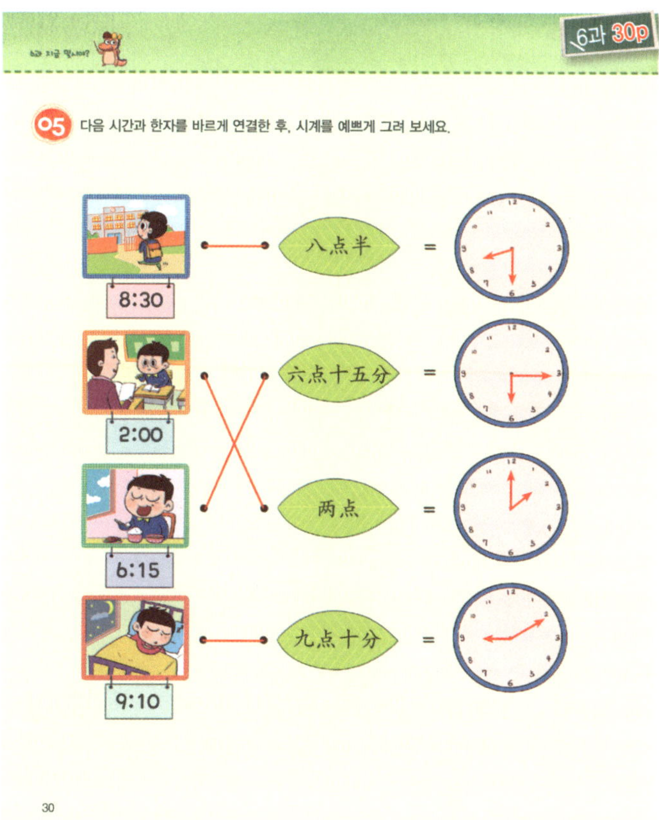
6과 30p
05 다음 시간과 한자를 바르게 연결한 후, 시계를 예쁘게 그려 보세요.
8:30
八点半
2:00
六点十五分
6:15
两点
9:10
九点十分
30

7과 32p

第七课 火车比汽车快

huǒchē bǐ qìchē kuài 기차가 자동차보다 빨라

CD-08

01 다음 발음을 잘 듣고 알맞은 성조에 ○표를 하세요.

zhuān	zhuán	zhuǎn	(zhuàn)
(chūn)	chún	chǔn	chùn
wāng	(wáng)	wǎng	wàng
(wēng)	wéng	wěng	wèng

02 녹음을 잘 듣고 그림에 알맞은 병음을 보기에서 찾아 써 보세요.

보기 uàn áng ēng ūn

王	春天	赚钱	嗡
w áng	ch ūn tiān	zh uàn qián	w ēng

32

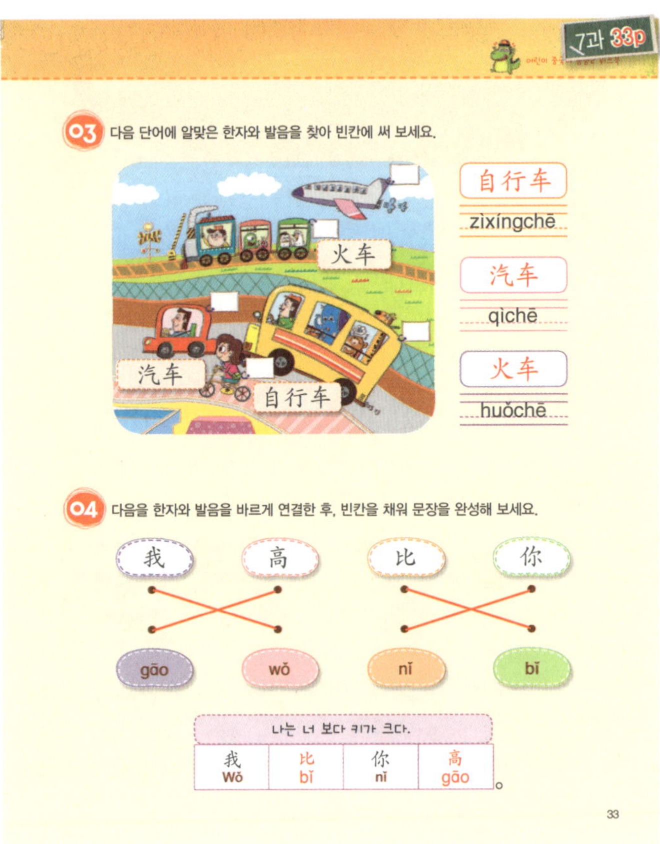

7과 33p

03 다음 단어에 알맞은 한자와 발음을 찾아 빈칸에 써 보세요.

自行车 zìxíngchē

汽车 qìchē

火车 huǒchē

04 다음을 한자와 발음을 바르게 연결한 후, 빈칸을 채워 문장을 완성해 보세요.

我 — wǒ, 高 — gāo, 比 — bǐ, 你 — nǐ

나는 너 보다 키가 크다.

我 Wǒ	比 bǐ	你 nǐ	高 gāo

。

33

7과 34p

05 다음 그림을 보고 알맞은 한자 스티커를 붙인 후, 중국어로 말해 보세요.

1

我比你高。
Wǒ bǐ nǐ gāo.

2

飞机比汽车快。
Fēijī bǐ qìchē kuài.

3

我比你大。
Wǒ bǐ nǐ dà.

4

自行车比火车慢。
Zìxíngchē bǐ huǒchē màn.

5

我比你矮。
Wǒ bǐ nǐ ǎi.

6

我比你小。
Wǒ bǐ nǐ xiǎo.

34

8과 36p

第八课

我想吃面包

Wǒ xiǎng chī miànbāo 나는 빵을 먹고 싶어

CD-09

01 다음 발음을 잘 듣고 알맞은 성조에 ◯표를 하세요.

1성	xuē	(xué)	xuě	xuè
2성	yūn	(yún)	yǔn	yùn
3성	juān	juán	(juǎn)	juàn
4성	ēr	ér	(ěr)	èr

02 녹음을 잘 듣고 그림에 알맞은 병음을 보기에서 찾아 써 보세요.

보기 uǎn ué ěr ún

卷	耳朵	学习	云
j uǎn	ěr duo	x ué xí	y ún

36

8과 37p

03 다음 그림에서 먹는 음식에는 吃chī 를, 마시는 음료에는 喝hē 스티커를 붙인 후, 중국어로 말해 보세요.

比萨 bǐsà	牛奶 niúnǎi	蛋糕 dàngāo
吃	喝	吃
水 shuǐ	**汉堡包 hànbǎobāo**	**果汁 guǒzhī**
喝	吃	喝
面包 miànbāo	**茶 chá**	**可乐 kělè**
吃	喝	喝

37

8과 38p

8과 나는 빵을 먹고 싶어

04 다음 그림을 보고, 먹는 것은 ◯표를, 마시는 것은 △표를 한 후, 중국어로 말해 보세요.

38

memo

memo

3권에서
만나요!!

1과 10p

面包店 miànbāodiàn

文具店 wénjùdiàn

电影院 diànyǐngyuàn

书店 shūdiàn

超市 chāoshì

公园 gōngyuán

银行 yínháng

医院 yīyuàn

3과 17p

妹妹

哥哥

5과 26p

刮风 guāfēng

下雪 xiàxuě

阴 yīn

晴 qíng

打雷 dǎléi

下雨 xiàyǔ

很热 hěn rè

7과 34p

8과 37p

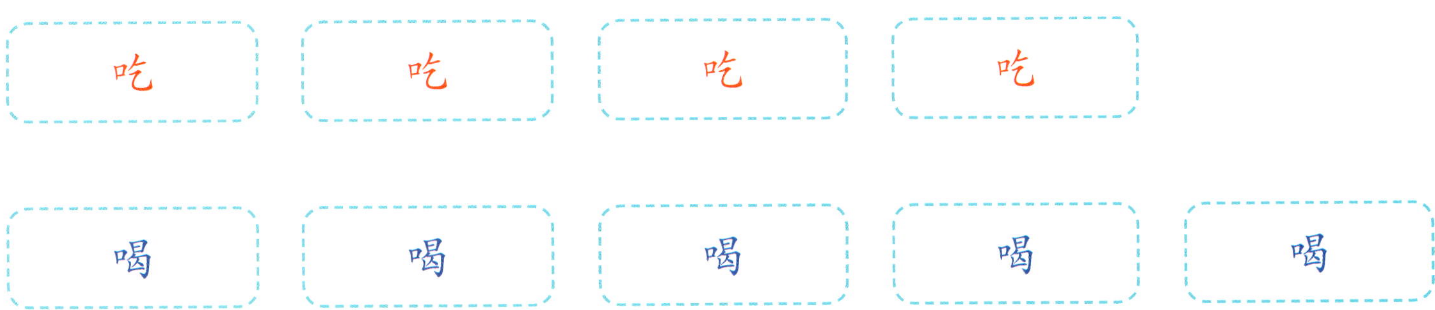

학교
학년
반
이름